Come Smettere Subito di Pensare Troppo

Strategie Semplici per Calmare la Mente, Fermare i Pensieri Negativi e (Finalmente) Alleviare lo Stress con i Segreti della Psicologia Positiva

Logan Mind

Un Regalo per Te!

Emotional Intelligence for Social Success

Ecco cosa **troverai** nel libro:

• Tecniche per migliorare la tua **intelligenza** emotiva

• Strategie per rafforzare le tue **relazioni** sociali

• Suggerimenti per gestire le **emozioni** nelle situazioni quotidiane

Basta che tu clicchi o segua il **link** qui sotto per usufruire del libro gratuito:

https://pxl.to/loganmindfreebook

Scarica anche i tuoi 3 EXTRA GRATUITI!

Queste risorse aggiuntive sono **progettate** per completare il libro e offrirti strumenti pratici per applicare ciò che hai imparato nella tua vita quotidiana. Gli extra sono:

• Un PDF scaricabile e pratico della **Sfida** di 21 Giorni per il libro

- 101+ Affermazioni per Menti **Tranquille**

- Lista di Controllo per una Mente Immediatamente Calma

Basta che tu clicchi o segua il link qui sotto per ottenere l'**accesso** immediato agli extra:

https://pxl.to/8-htson-lm-extras

Aiutami!

Quando **supporti** un autore indipendente, supporti un **sogno**.

Quando avrai **terminato** la lettura, se sei soddisfatto, ti chiedo di lasciare un **feedback** onesto visitando il link qui sotto. Se hai **suggerimenti** per miglioramenti, ti prego di inviare un'email ai contatti che troverai al link.

Puoi anche scansionare il codice QR e trovare il link dopo aver selezionato il tuo **libro**.

Ci vuole solo un attimo, ma la tua **voce** ha un impatto enorme.

• Con il tuo feedback, puoi guidare altri lettori e aiutare la **comunità** a crescere.

• I tuoi suggerimenti sono oro per migliorare sempre di più.

Visita questo link per lasciare un feedback:

https://pxl.to/8-htson-lm-review

Unisciti al mio Team di Recensori!

Grazie di aver **scelto** il mio libro! Ti invito a far parte del mio Team di Recensori. Se **ami** leggere, puoi ricevere una copia **gratuita** del mio libro in cambio di un **feedback** onesto che mi sarebbe di grande aiuto.

Ecco come puoi **unirti** al team:

• Clicca su "Join Review Team"

• Iscriviti a BookSprout

• Ricevi una **notifica** ogni volta che pubblicherò un nuovo **libro**

Dai un'occhiata al team a questo link:

https://pxl.to/loganmindteam

Introduzione

Hai mai passato ore infinite a **ripensare** a una conversazione, preoccupandoti di cosa avresti dovuto dire o cosa gli altri potrebbero pensare? Beh, io sì, e so bene quanto possa essere **faticoso**.

Nel mio libro, ti accompagnerò in un viaggio per capire e affrontare l'**overthinking**, con strategie pratiche basate sulla psicologia positiva per calmare la mente e lasciar andare quei **pensieri** negativi che sembrano non voler mai sparire.

Ho scritto questo libro non solo come esperto in psicologia e comunicazione, ma anche come qualcuno che ha lottato personalmente con l'overthinking. Non c'è niente di peggio che sentirsi intrappolati nella propria **mente**, incapaci di trovare pace. Ed è proprio da questa esperienza personale che nasce la mia motivazione.

In questo libro, uso tecniche collaudate e semplici per aiutarti a rilassare la mente, rompere il ciclo incessante dei pensieri negativi e raggiungere uno stato di **serenità**. Con l'aiuto della psicologia positiva, andremo oltre le teorie tradizionali per offrirti strumenti concreti. Questo non è un manuale pieno di nozioni teoriche inutili; è una guida pratica che può davvero cambiare il modo in cui la tua mente funziona.

Uno dei problemi principali dell'overthinking è che può anche portare a **ansia** e stress cronico, compromettendo il tuo benessere generale e la qualità della vita. Quando la tua mente è in costante agitazione, è difficile concentrarsi, prendere decisioni e vivere appieno ogni momento. Questo libro affronta anche le radici profonde e le cause comuni dell'overthinking, aiutandoti a identificarle e, soprattutto, a liberartene.

Capisco se sei scettico o preoccupato che queste soluzioni possano non funzionare per te. Magari hai già provato altre tecniche senza successo, o forse pensi che sia troppo difficile cambiare le tue abitudini mentali. Ma sono qui per guidarti passo dopo passo con metodi accessibili e azioni concrete che puoi integrare facilmente nella tua vita quotidiana. Non sarà facile all'inizio, ma con costanza e pratica, vedrai i **risultati**.

In conclusione, voglio che tu sappia che questo libro è il tuo compagno di viaggio per un futuro più sereno e meno stressante. Non devi farlo da solo – sarò al tuo fianco con ogni pagina, aiutandoti a superare ogni ostacolo e a trovare la pace mentale che meriti.

Capitolo 1: Comprendere il Pensiero Eccessivo

Ti sei mai chiesto perché la tua **mente** non riesce a spegnersi? Dai, lo sappiamo tutti com'è - intrappolati in un loop infinito di **pensieri** senza fine. Ma cosa succede davvero nella tua testa? In questo capitolo, ti guiderò a capire quanto possa essere impattante il **pensiero** eccessivo. Fidati, so com'è. Può sembrare di vivere costantemente sotto una nuvola nera, vero? Qui, esploreremo come affrontare questi momenti di **dubbio** e paura.

Ti assicuro che capirai cosa provoca questi **pensieri** ripetitivi e perché sembrano così difficili da lasciar andare. Avrai l'occasione di esplorare il lato psicologico delle tue **preoccupazioni** e sarai in grado di identificare i tuoi principali **inneschi**. La tua salute mentale non deve soffrire di queste continue riflessioni - sarebbe bello un cambiamento, no? Quindi forza, lasciati attraversare da qualche verità e scopri come liberarti da questo **ciclo**.

La Psicologia Dietro il Pensiero Eccessivo

Parlare di **pensiero** eccessivo senza menzionare i bias cognitivi sarebbe come parlare di calcio senza riferirsi al pallone. I bias cognitivi sono quei meccanismi mentali che ti fanno vedere le cose in modo distorto. Magari ti è capitato di pensare a qualcosa, e una cosa piccola ti è sembrata gigantesca? Ecco, è un bias. Questi meccanismi ti tengono intrappolato in un loop continuo di pensieri che spesso non vanno da nessuna parte, o peggio, ti portano in acque agitate. Ad esempio, il bias di conferma, dove cerchi solo informazioni che confermano ciò che pensi già, può alimentare il **pensiero** eccessivo. Se credi di aver fatto male al lavoro, cercherai solo segnali che confermino questa tua convinzione, escludendo tutto il resto. O il hindsight bias, dove tutto sembra chiaro dopo che è successo, ti fa credere di poter prevedere gli eventi solo guardando indietro, rafforzando i pensieri rimuginativi.

Certo, i bias cognitivi non sono gli unici colpevoli. E le **esperienze** passate? Beh, hanno un gran peso. Pensa a quando eri bambino e hai imparato che certe cose spaventose potevano succedere. Quei momenti possono restarti impressi nella mente, e da adulto finisci per pensarci troppo, anche se razionalmente sai che le probabilità sono basse. Le **abitudini**, una volta formate, sono dure a morire. Se ti abitui a pensare e ripensare agli eventi, diventa proprio come mettere la macchina in folle ma a tutto gas. E quel tanto parlare di "comportamento appreso" cosa significa davvero? Beh, osservando i modelli comportamentali intorno a te, impari a replicarli. Se sei cresciuto con qualcuno che tendeva a pensare troppo, è probabile che anche tu abbia assimilato questo modo di fare.

Ora, parliamo un po' del **cervello**. I meccanismi neurologici dietro il pensiero ripetitivo sono affascinanti, e un po' spaventosi. La tua mente ha un modo tutto suo di costruire autostrade di pensieri ripetitivi. È come se certe strade nel cervello, i circuiti neurali, si rinforzassero ogni volta che ripeti gli stessi pensieri. Questa 'plasticità neurale' fa sì che più pensi a una cosa, più diventa facile continuare a pensarci. È come allenare un **muscolo**, solo che il muscolo in questione può far male invece di aiutare. Ci sono anche i **neurotrasmettitori**, quelle sostanze chimiche nel cervello che influenzano tutto, dal tuo umore alla capacità di concentrarti. La **dopamina**, per esempio, è coinvolta nelle sensazioni di piacere e ricompensa, ma quando persiste può portarti a ruminare sulle esperienze passate in cerca di una soluzione o di un senso di ricompensa che non arriva mai.

Insomma, il pensiero eccessivo è guidato da un mix complicato di bias cognitivi, esperienze passate e meccanismi cerebrali. Capire questi elementi può essere il primo passo per rompere il ciclo, per trovare quella pace mentale che in fondo desideri. Altrimenti, rischi solo di girare a vuoto, con la mente sempre occupata ma senza mai raggiungere davvero nulla di concreto.

Fattori Scatenanti Comuni per il Pensiero Eccessivo

Ci sono tante cose esterne che possono far scattare episodi di **pensiero** eccessivo. Per esempio, le richieste sul lavoro. Hai mai ricevuto una scadenza impossibile? È come se tutto il mondo si aspettasse troppo da te. Le **critiche**, anche quelle costruttive, possono farti sentire giù. Sei lì, cercando di fare del tuo meglio e una parola di troppo ti manda in tilt. Anche i **social**, pensa un po', dove vedi la vita perfetta degli altri – che fai, non ci pensi? Tutto ciò può mandarti in un vortice di pensieri. Però, devi capire che, in realtà, nessuno vive una vita così perfetta.

Ma andiamo avanti, ci sono anche le tue **insicurezze** personali. Siamo onesti, chi non ne ha? Per esempio, magari non ti senti all'altezza. Ogni piccolo errore ti fa ripensare a tutto, come se quello sbaglio definisse chi sei. E hai presente quella vocina interna? Quella che ti dice che non sei abbastanza bravo, bello o intelligente? Fa un casino nella tua testa, vero? Questi dubbi su te stesso ti fanno rivivere ogni momento mille volte, cercando di trovare un senso o una qualche sicurezza che, purtroppo, spesso non c'è.

Ora, passiamo a qualcosa di meno tangibile, ma altrettanto potente: l'**incertezza**. Non sapere cosa ti aspetta domani è un bel peso. È come camminare su una corda senza rete di sicurezza. Ogni **decisione** diventa un nodo di pensieri. La mente cerca di prevedere mille scenari diversi ma, nella realtà, non hai controllo su tutto. E quella mancanza di controllo? Una spina nel fianco. Quando pensi di non avere controllo, diventa difficile capire quando fermarti e accettare le cose come sono.

Eppure, vivere nell'incertezza può anche insegnarti qualcosa. Sì, proprio così. A lasciar andare un po', anche se è dura. Insomma, tutti questi fattori – le cose esterne, le insicurezze personali e le incertezze – creano un terreno fertile per il **pensiero** eccessivo. Ma tutto ciò serve anche a capire meglio te stesso. E, chissà, magari la prossima volta che ti trovi in un vortice di pensieri, saprai riconoscerlo e – almeno per un momento – lasciarlo andare.

Transizione a Capitolo 2: Tecniche per Gestire il Pensiero Eccessivo

L'Impatto del Pensiero Eccessivo sulla Salute Mentale

Parlare del **pensiero** eccessivo e dei disturbi d'**ansia** non è facile, ma esiste una connessione chiara tra i due. Quando pensi troppo, è come se la tua mente non potesse mai riposarsi davvero. Le preoccupazioni diventano più grandi e il tuo cervello va in overdrive. È così che ti senti quando sei sempre sull'orlo del panico, sempre in attesa che il peggio accada. S'intensificano le sensazioni d'inquietudine e preoccupazione per situazioni che potrebbero non meritare tutta questa attenzione.

Alla fine, l'ansia può arrivare a dominare tutte le sfaccettature della tua giornata. Quando continui a rimuginare, le paure diventano amplificate. Ecco che un semplice "potrebbe andare male" si trasforma in "andrà sicuramente male." Diventa un ciclo vizioso, dove pensieri ansiosi alimentano più pensieri ansiosi. E non dimentichiamo gli attacchi di panico—una presenza non troppo amichevole per chiunque si trovi a pensare troppo.

Ma come si passa dall'ansia al **sonno** e alla funzione **cognitiva**? Semplice, è tutto connesso. Quando la tua mente è sempre accesa, è difficile dormire bene. Se ti trovi a girarti e rigirarti nel letto la notte, potresti pensare troppo. Dormire poche ore, interrotte da pensieri ansiosi, non consente al tuo cervello di rigenerarsi.

E la mancanza di sonno mina la tua capacità di pensare chiaramente. Maggiore è il pensiero eccessivo, peggiore è la qualità del sonno, e questo a sua volta influisce sulle tue prestazioni cognitive complessive. Concentrarsi diventa difficoltoso, la memoria potrebbe fare cilecca, e il livello generale di produttività scende. Passare da una cosa non fatta a un'altra? Praticamente impossibile.

E mentre parliamo di questo mix tremendo tra mancanza di sonno e ansia, non possiamo sorvolare sulle conseguenze **emotive** a lungo termine. Immagina di portarti dietro per anni questa zavorra di pensieri incessanti—è un carico pesante. Col tempo, l'affaticamento mentale può sfociare in **depressione**. L'umore si oscura, ogni attività sembra una montagna da scalare, e il piacere per le cose semplici della vita si perde.

Anche le **relazioni** possono soffrirne. Con una mente costantemente preoccupata, lo stress si trasferisce nelle tue interazioni con gli altri. Diventi più irritabile, meno paziente, e molte volte ti senti isolato. Si innesca un circolo vizioso, difficile da spezzare.

Quindi, puoi vedere come tutto questo è intrecciato. Il pensiero eccessivo non affligge solo la tua mente, mina tutto il resto della tua **salute** interiore. Dall'ansia al sonno, e dalla funzione cognitiva fino al benessere emotivo—non c'è parte della tua vita che ne esca indenne.

Metterò in evidenza un punto chiave: il pensiero eccessivo è una tassa sia sulla mente che sul cuore. È imperativo averne consapevolezza per iniziare un processo di **cambiamento** che possa migliorare davvero la tua salute mentale. Senza alcun dubbio, riuscire a liberarti dai tentacoli del pensiero eccessivo può portare notevoli benefici di lungo termine, donando alla tua mente e al tuo corpo una serenità benvenuta e meritata.

In Conclusione

In questo capitolo, abbiamo esaminato l'entità del **sovrapensiero**, uno dei fattori principali che contribuiscono all'**ansia** e all'indecisione. Attraverso vari esempi e spiegazioni, abbiamo scoperto rischi e meccanismi di questo fenomeno, offrendoti una comprensione completa e soluzioni pratiche. Ecco i punti essenziali emersi:

• Il sovrapensiero è un circolo vizioso di pensieri ripetitivi e improvvisi che possono portarti a stress e decisioni ritardate.

• C'è una distinzione chiara tra un'auto-riflessione costruttiva e l'autosabotaggio mentale causato dal sovrapensiero.

• È importante capire come funzionano i tuoi **pensieri** e come l'accumulo di preoccupazioni possa influenzare negativamente il tuo benessere.

• Abbiamo identificato alcuni esempi di fattori esterni e personali che possono scatenare episodi di sovrapensiero.

• Il sovrapensiero cronico può avere serie ripercussioni sulla tua **salute mentale**, in particolare per quanto riguarda i disturbi d'ansia e i problemi di sonno.

Ora che hai chiuso questo capitolo, rifletti su ciò che hai imparato, cercando di identificare eventuali tuoi modelli di sovrapensiero. Cambiando gradualmente il modo in cui affronti questi **pensieri**, puoi migliorare significativamente la tua **salute** mentale e il tuo **benessere**. Credimi, ogni piccolo passo porta grandi **cambiamenti**.

Capitolo 2: Il Ciclo del Pensiero Eccessivo

Ti è mai capitato di trovarti a letto la notte, mentre i **pensieri** saltano da una cosa all'altra senza che tu riesca a fermarli? Io stesso mi sono trovato in questa situazione, e davvero sembra di essere **prigionieri** della propria mente. In questo capitolo, ci avventureremo direttamente nel cuore di questa **battaglia** mentale.

Immagina di avere una **guida** che ti aiuta a fare chiarezza su questi pensieri incessanti. Ti chiederai come questo possa davvero trasformarti? Beh, preparati: quello che scoprirai cambierà il modo in cui percepisci il tutto.

Intrappolato nel **caos** mentale? Forse non è solo stress, ma qualcosa di più profondo. Il ruolo dell'**ansia**? Importante. Può sembrare complesso, ma stiamo per spezzettare tutto in pezzi semplici.

Affrontiamo insieme le trappole del **pensiero** eccessivo e scopriamo come interrompere questo **ciclo**. Sei pronto?

Identificare i tuoi schemi di pensiero eccessivo

Ecco, la **consapevolezza** di sé. Quanto è importante avere un buon livello di consapevolezza di sé per riconoscere il pensiero eccessivo? Tanto, tantissimo. Come fai a sapere se stai pensando troppo se non sei consapevole di te stesso? Non puoi. Devi essere in grado di osservare i tuoi **pensieri**, di capire che direzione stanno prendendo. Facile? No, non sempre. Ma è possibile e, direi, necessario.

Essere consapevoli di sé significa notare quando il tuo cervello comincia a correre come un'anguilla in una pozzanghera. Magari ti prende nel pieno della notte, oppure ogni volta che hai una scadenza al lavoro. Quando ti rendi conto che stai facendo questi pensieri, puoi scegliere di fare qualcosa per fermarli. Ecco, questo è il primo passo. È il tuo **strumento** principale.

Parliamo un po' di modelli di pensiero comuni. Ci sono tante forme di pensiero eccessivo. Pensa a qualcosa che non riesci a smettere di pensare. Come se fossi in un film, ma non sei lo spettatore. No, sei dentro. Fai parte della trama. Hai mai notato questo? Ascoltare un pensiero suona da qualche parte tra il cervello e il cuore. Te lo ripeti. In continuazione. Questo è solo un esempio. O come quel personaggio nella tua mente che ti dice che non sei abbastanza bravo.

Passiamo avanti. Perché abbiamo anche i **trigger** emotivi da considerare. Che ruolo giocano questi? Beh, i trigger emotivi sono come piccoli inneschi. Scattano e... bam! Ti ritrovi a pensare troppo ancora una volta. I trigger possono essere qualsiasi cosa. Forse è una brutta giornata al lavoro o una discussione con un amico. Anche qualcosa che hai visto sui **social media** può fare effetto, tipo un commento negativo o una foto che ti fa sentire geloso.

Sta tutto a capire cos'è che mette in moto il tuo ciclo di pensiero eccessivo. Devi riconoscere quei momenti in cui scatta qualcosa. Una volta che conosci i tuoi inneschi, sei meglio preparato a evitarli o almeno a rispondere in maniera più calma.

A questo punto riflettiamo: sei consapevole di te stesso e hai individuato i tuoi **schemi** di pensiero. E hai pure capito quali sono i tuoi trigger emotivi. Ma cosa fare con tutte queste informazioni? Puoi utilizzarle per gestire meglio il tuo pensiero. Blocca i pensieri non appena li noti, cerca di ridurli cambiando la direzione del tuo **pensare**. Non è facile, ma ogni passo conta.

Analizzare il Processo del Pensiero Eccessivo

Capire come funziona il ciclo del **pensiero** eccessivo può davvero aiutarti a fermarlo. Quindi, partiamo dal primo **innesco**, il vero colpevole che accende la miccia. Di solito, inizia con un pensiero banale, come "ho chiuso la porta?". E da lì, l'innesco si espande come una macchia d'olio.

Poi, inizia l'**escalation**. È come se questi pensieri iniziali trovassero sempre nuovi compagni di viaggio. Un pensiero tira l'altro. Prima ti interroghi sulla porta, poi ti preoccupi della macchina parcheggiata, e infine arrivi a dubitare della tua capacità di fare qualsiasi cosa giusta. Facile come bere un bicchier d'acqua, no? Questo è il ciclo completo del pensiero eccessivo: un tornado di preoccupazioni che cresce e diventa ingestibile.

Ora, capito questo schema, passiamo alle **distorsioni** cognitive. Immagina queste distorsioni come occhiali con lenti colorate che alterano il modo in cui vedi le cose. Ti spalmano davanti visioni false della realtà. Per esempio, quello che può sembrare un giudizio momentaneo si trasforma in una completa catastrofe. Come se, inciampando, pensi che tutti ti giudichino incompetente. Ecco alcune distorsioni comuni:

• Pensiero tutto-niente: vedere tutto in bianco o nero.

• Catastrofismo: ingigantire le conseguenze negative.

• Personalizzazione: prendere su di te colpe che non ti spettano.

Ogni piccola cosa viene ingigantita e malignamente dipinta. Questo è ciò che fa il pensiero eccessivo: ti trasforma in una lente orientata al disastro.

E come se non bastasse, arriva anche l'**autocritica** negativa a peggiorare le cose. Questo è il piccolo critico interiore che non ti molla mai. Spesso è proprio questa voce che riaccende il ciclo, dandoti sempre nuovi motivi per preoccuparti. Pensi: "Ma se avessi fatto diversamente...". Ecco che le cose peggiorano. Ti martelli continuamente per cose del passato o che avresti potuto fare meglio.

Questa voce ti tiene prigioniero con frasi come "non sei abbastanza bravo", "hai sbagliato tutto". Diventa un'abitudine assecondare questi pensieri, arrivi a credere veramente di essere incapace. Un circolo vizioso che nutre e alimenta il ciclo del pensiero eccessivo.

Arrivati a questo punto, vediamo come tutte queste fasi si **interconnettano** fra di loro. L'innesco avvia la spirale; le distorsioni cognitive approfondiscono tagli e ferite, colorando il tutto di negatività. Infine, ci pensa l'autocritica a metterci il dito, riempiendo cuore e mente di insicurezze.

Conoscendo questo processo, puoi smontare ogni pezzo. Come perdere un intruso nella mente e cercare di farlo uscire. Un passo alla volta ma con **decisione**. Devi consapevolizzare ogni stadio e lavorarci su, piano senza farti travolgere. Fermando il ciclo all'innesco. Cambiando gli occhiali delle distorsioni cognitive. Azzittendo quell'autocritica malsana. Non è facile, ma conoscere il **nemico** è già metà della battaglia.

Il Ruolo dell'Ansia nel Pensiero Eccessivo

L'**ansia** e il pensiero eccessivo sono come due facce della stessa medaglia. È un **circolo** vizioso dove uno alimenta l'altro. Quando sei ansioso, è normale che i tuoi pensieri comincino a girare a vuoto. Ti fai mille domande su ogni piccola cosa. E più pensi, più aumenta la tua ansia. Sembra non finire mai, vero?

L'ansia amplifica le tendenze al **pensiero** eccessivo. Te ne accorgi soprattutto quando inizi a preoccuparti per qualcosa. Magari hai paura di un incontro importante, e all'improvviso la tua **mente** comincia a immaginare scenari pessimi. Ti chiedi: "E se faccio una brutta figura? E se non riesco a parlare bene?" E così via... tutta questa spirale continua a ingigantirsi. Ogni pensiero negativo si collega a un altro, creando un enorme groviglio di preoccupazioni.

E non è solo il pensiero che peggiora l'ansia; funziona anche al contrario. Più sei ansioso, più la tua mente tende a fissarsi su quei pensieri molesti. È come se la tua mente fosse un DJ che suona la stessa canzone inquietante in loop. La **musica** mette paura, e la paura fa ripartire la musica.

Questa connessione ci porta direttamente al tuo **corpo**. Il pensiero eccessivo causato dall'ansia ha delle risposte fisiologiche precise. Ti ritrovi con il cuore che batte più veloce, il respiro corto, la sudorazione e perfino le mani che tremano. È tutto collegato. La tua mente manda segnali al tuo corpo, e boom - ecco che parte una sinfonia affannata. Non è frutto dell'immaginazione. È tutto reale e ti fa sentire ancora più nel panico.

Ma perché tutto questo rientra nell'ansia? Perché il corpo risponde così, amplificando il tutto. Pure mentre cerchi di rilassarti o dormire, quel ciclo ansioso di pensieri ti tiene sveglio. E quando non riesci a dormire bene, l'ansia cresce ancora di più il giorno dopo. È una catena, davvero. Un anello tira l'altro.

Facciamo un respiro profondo. Parlare del corpo ci riporta all'origine dei nostri **pensieri**. Non puoi ignorare né l'uno né l'altro. Se riesci a gestire l'ansia, magari spezzando quel ciclo con esercizi di **respirazione** o meditazione, potresti anche rallentare il flusso dei pensieri incessanti. Certo, non è una soluzione immediata o magica, ma ogni piccolo passo aiuta.

Come lo stress alimenta il pensiero eccessivo

Ehi, lo **stress**... una vera e propria grana, eh? Capita a tutti. Ma cosa fa davvero al nostro **cervello**? Quando sei sotto stress cronico, la faccenda diventa seria. Il tuo cervello non funziona come dovrebbe. Ogni decisione sembra più difficile da prendere, i **pensieri** iniziano a girare in tondo. E non parliamo della memoria!

Hai presente quei giorni in cui non riesci a ricordarti dove hai messo le chiavi? Sì, potrebbe essere colpa dello stress. Lo stress cronico altera il modo in cui il cervello elabora le informazioni. Quindi, finisci per prendere decisioni sbagliate perché non riesci a valutare tutte le opzioni, o semplicemente ti senti sopraffatto. Diventi molto meno attento ai dettagli... e puf! Scelta sbagliata.

Ma come fa davvero lo stress a infilarsi nella tua mente? Beh, qui entrano in gioco gli **ormoni** dello stress, come il cortisolo e l'adrenalina. Quando sei stressato, il tuo corpo rilascia questi ormoni, e il cervello monitora tutto questo casino chimico. E mamma mia, l'impatto è enorme!

Hai mai sentito come se il tuo cervello fosse in modalità "fuga o lotta"? Ecco il **cortisolo** che lavora. Troppo cortisolo, per troppo tempo, e il cervello inizia a comportarsi in modo strano. L'attività cerebrale si sparpaglia, saltando da un pensiero all'altro. Non riesci a concentrarti. Ti trovi bloccato in un loop mentale, e inevitabilmente, inizi a fare cavolate. Non è colpa tua, è che proprio il tuo cervello è andato in tilt.

Magari pensi di potertela cavare, ma lo stress colpisce più in profondità. Porta al **pensiero eccessivo**. Ti ritrovi a rimuginare sulle stesse cose, senza sosta. È come un demone a tre teste: stress, **rimuginazione**, e pensiero eccessivo. Si legano l'uno all'altro, formando una specie di ciclo infinito.

Ti è mai successo di restare sveglio di notte, pensando e ripensando se hai spento il fornello? Ecco, sei in quel ciclo. Ogni pensiero alimenta il successivo, e ti stressi ancora di più. È un **circolo vizioso** che non ti lascia via di scampo. E più ci pensi, più il cervello libera cortisolo. E ancora più ripetizioni ossessive. È una trappola che si auto-alimenta.

In Conclusione

Alla fine di questo capitolo, hai acquisito **strumenti** importanti per capire e gestire il ciclo dell'overthinking. Con queste **informazioni**, puoi migliorare il tuo **benessere** mentale e vivere momenti con più leggerezza e serenità.

In questo capitolo hai visto l'importanza di essere **consapevole** di te stesso nel riconoscere i tuoi comportamenti di sovrappensiero. Hai imparato a identificare i comuni **schemi** mentali associati al sovrappensiero e hai capito il ruolo dei **trigger** emotivi nell'iniziare i cicli di overthink. Hai esplorato le fasi del ciclo di sovrappensiero, dal trigger iniziale all'escalation, e hai compreso come l'**ansia** amplifica il sovrappensiero e di conseguenza viene amplificata.

Ora tocca a te mettere in pratica quanto hai imparato per liberarti dai circoli viziosi del sovrappensiero. Ricordati, con gli strumenti giusti a disposizione, puoi raggiungere una mente più calma e focalizzata, portando benefici al tuo benessere quotidiano. Non è facile, ma con un po' di impegno e pazienza, ce la puoi fare!

Capitolo 3: Fondamenti della Psicologia Positiva

Hai mai pensato a come piccoli **cambiamenti** nella tua vita potrebbero migliorare tutto? Immagina di avere gli **strumenti** per farlo. In questo capitolo, troverai qualcosa di speciale che potrebbe **trasformare** il modo in cui vedi il mondo e te stesso. Ho esplorato argomenti che potrebbero rivelarsi una vera e propria miniera d'oro per il tuo **benessere**.

Perché? Beh, sei qui per qualche motivo, no? Questa è la tua occasione per scoprire nuovi modi di vedere la vita che forse non avevi mai considerato prima. Mi sono fatto le tue stesse **domande** e ti racconto quello che ho scoperto.

Preparati a mettere in discussione vecchie **idee**, a guardare la **felicità** e il benessere da prospettive che all'inizio potrebbero sembrarti strane, ma che si rivelano efficaci. Sei pronto a partire da qui? Dai, andiamo avanti! Questo capitolo è solo l'inizio di un **viaggio** affascinante.

Introduzione alla Psicologia Positiva

Quando pensi alla **psicologia**, probabilmente immagini pazienti su un divano che parlano dei loro problemi d'infanzia. Certo, tutto questo fa parte della psicologia tradizionale, che si concentra molto sul "curare" problemi e difficoltà mentali. Ma la **psicologia positiva** è una cosa diversa. Invece di concentrarsi su ciò che non va, si occupa di quello che va bene nella tua vita e cerca di amplificarlo. Insomma, è come passare dal vedere sempre il bicchiere mezzo vuoto al vederlo mezzo pieno... e magari fantasticare su come riempirlo di nuovo.

I principi fondamentali della psicologia positiva sono pochi ma potenti. Prima di tutto, ci si focalizza su ciò che rende la vita degna di essere vissuta. Non solo si guarda alla **felicità**, ma anche a concetti come il significato e lo scopo, l'impegno, le relazioni positive e i successi personali. Un po' come costruire una casa solida: ogni elemento è un mattone importante che non può mancare.

Un altro punto centrale della psicologia positiva è il miglioramento del **benessere** delle persone. Si cerca di aiutarti a vivere al meglio delle tue possibilità invece di limitarsi a ridurre i tuoi malesseri. Non solo risolvere i problemi, ma vivere una vita piena, ricca di buone esperienze e emozioni positive. Bello, vero? Assolutamente sì.

Ma cosa rende questa struttura psicologica diversa dall'approccio tradizionale? Nel caso della psicologia tradizionale, si parte dall'idea che ci sia qualcosa da "aggiustare". Qualcosa che non funziona. Un po' come quando chiami l'idraulico perché dal lavandino scorre acqua ovunque. Nella psicologia positiva, invece, l'idea di base è che tu abbia la capacità di migliorare la tua vita. Non stiamo sistemando niente, stiamo costruendo tutto da capo... aggiungendo quel tocco speciale.

Questa disciplina, infatti, si ispira molto ai **punti di forza** delle persone, curandoli e moltiplicandoli. È come prendere un talento nascosto e farlo crescere fin quando non diventa una forza della natura. Insomma, non un lavoro di manutenzione ma un progetto di sviluppo, tutto rivolto alle fette di vita luminose e promettenti piuttosto che su quelle ombrose e turbolente.

E come può la psicologia positiva migliorare la tua vita di ogni giorno? In tantissimi modi, davvero. Immagina iniziare la giornata non pensando a quello che hai di negativo, ma a ciò che potrebbe renderti felice, a chi ami, a ciò per cui ti senti grato. Questo semplice cambio di **prospettiva** può cambiare tutto: la tua energia, il tuo atteggiamento e pure come ti vedi allo specchio la mattina.

Ricordi quando parlavamo delle **relazioni positive**? La psicologia positiva suggerisce di investire in queste, di coltivare amicizie e rapporti familiari che portano gioia e supporto. Insomma, applicare ciò significa sentire meno il peso delle difficoltà perché dal tuo cerchio affettivo arriva energia positiva. E più energia hai, meno spazio c'è per pensieri negativi e per il chiacchiericcio mentale.

Un ultimo beneficio dell'applicazione dei principi della psicologia positiva può arrivare dalla scoperta di ciò che davvero ti appassiona. Questo mira a incrementare il tuo livello di **impegno** e soddisfazione nei progetti e nelle attività, rafforzando quel senso di **autostima** e autoefficacia che è contagioso. Più ti senti in gamba, più in gamba sei sia agli occhi degli altri sia ai tuoi propri.

Principi Chiave della Psicologia Positiva

Parliamo del concetto di **prosperità**, davvero importante nella psicologia positiva. Immaginala come un giardino rigoglioso. Prosperare non significa solo essere felice di tanto in tanto, ma raggiungere un **benessere** continuo e far fiorire ogni aspetto della tua vita. Non è solo sfuggire ai problemi, ma sviluppare una resilienza che ti permetta di affrontarli.

Nella psicologia positiva, prosperare significa che le tue emozioni positive superano quelle negative. Non si tratta di eliminare del tutto la tristezza, ma di mantenerla in equilibrio con le gioie quotidiane. Vivere con un atteggiamento **ottimista**, mantenendo relazioni positive e significative, contribuisce a creare quel giardino di serenità dentro di te. Sentire gratitudine e trovare significato in ciò che fai sono passi essenziali verso questa fioritura continua.

Ora passiamo ai punti di forza del carattere e alle **virtù**, che sono come gli strumenti nel tuo kit per il giardinaggio personale. Martin Seligman e Christopher Peterson, due pilastri della psicologia positiva, hanno creato un elenco di 24 punti di forza del carattere. Cosa sono esattamente? Sono qualità come saggezza, coraggio, umanità, giustizia, temperanza e trascendenza. Anche se potresti non essere un esperto giardiniere, hai tutti questi strumenti nascosti in te.

Queste virtù, se coltivate - e parlo davvero di fare pratica costante - possono migliorare il tuo benessere generale. Immagina di affrontare una giornata dura mettendo in pratica la pazienza o la gratitudine piuttosto che il risentimento. Applicando intenzionalmente i tuoi talenti personali alle sfide quotidiane, non solo risolvi i problemi, ma migliori anche la tua **resilienza**, costruisci autostima e rafforzi le tue relazioni.

Infatti, scoprendo e usando i tuoi punti di forza del carattere, non solo ti prepari a superare gli ostacoli ma anche a costruire una vita più significativa e soddisfacente. Ma come si lega tutto questo con le emozioni positive?

Basso e silenzioso, il ruolo delle **emozioni** positive è spesso sottovalutato. Ma saper riconoscere e promuovere queste emozioni è fondamentale per migliorare la tua salute mentale. Barbara Fredrickson, una psicologa rinomata, ha dimostrato con studi su studi che le emozioni positive non solo ti fanno stare bene al momento, ma hanno benefici duraturi. Permettono alla tua mente di aprirsi, di essere più creativa e di connettersi meglio con gli altri.

Immagina la gioia, la serenità e la speranza come i semi del tuo giardino personale. Emozioni come la gioia rafforzano le tue relazioni; la serenità ti permette di ricaricare le batterie mentali. La speranza ti aiuta a vedere oltre le difficoltà. E quando mescoli tutte le emozioni positive nella vita quotidiana, ottieni una ricetta perfetta per la **resilienza**. Questa capacità di recuperare da situazioni difficili ti permette di affrontare il caos con più tranquillità e sicurezza.

Questa miscela di prosperità, punti di forza del carattere e emozioni positive crea un ciclo virtuoso in cui ogni aspetto rinforza l'altro. Quindi, inizia a riconoscere e mettere a frutto i tuoi punti di forza interni, e permetti alle emozioni positive di fiorire nella tua vita, proprio come faresti con il tuo giardino. Così, troverai la chiave per un **benessere** autentico e duraturo.

La Scienza della Felicità e del Benessere

Quando parli di **felicità**, magari non pensi subito al tuo cervello, vero? Ma c'è una realtà interessante. La felicità parte proprio da lì. Sai, neurotrasmettitori come la serotonina e la dopamina giocano un ruolo fondamentale. Questi "messaggeri chimici" ti fanno sentire bene. E non solo per un attimo. Quando stai bene, il tuo cervello lavora meglio—sei più creativo, meno stressato, più concentrato. È come se il cervello decidesse di mettersi d'impegno per mantenerti felice. Un cervello felice rende tutto più facile, insomma.

E questo ha un impatto bomba sul tuo **benessere**. Quando sei contento, sei anche in salute. Mente e corpo sono collegati in un modo che forse non immaginavi—meno stress, più energia, persino miglior sonno. Ecco perché capire come funziona la felicità non è solo questione di mente, ma di tutta la tua vita.

E parlando di vita, cosa ti fa felice a lungo termine? Non sono solo le gioie passeggere. Le **relazioni** contano parecchio, sai? Avere amici, sentirti compreso e ascoltato—tutto questo aumenta la tua felicità duratura. Ma non basta. Anche avere uno **scopo** nella vita fa la differenza. Fare ciò che ami, avere obiettivi e sentirti realizzato.

Sono tipo i mattoni della tua soddisfazione. Ed è interessante, perché la ricerca dimostra che la strada per la felicità passa per questi piccoli, grandi fattori.

E hai mai sentito parlare dell'**adattamento** edonico? È un po' come il paradosso della felicità. Quando ottieni qualcosa che desideri molto, tipo un nuovo lavoro o una bella casa, la tua felicità schizza alle stelle. Ma dopo un po', ti abitui a quella novità, e la tua felicità torna ai livelli di prima. Abbastanza frustrante, non trovi? È proprio per questo che inseguire solo beni materiali o successi esteriori non porta alla vera felicità. Diventi come un criceto sulla ruota, sempre a cercare di più senza mai essere davvero contento.

Ma ecco la botta di positivo: sapere che il tuo cervello si adatta così ti dà un vantaggio. Puoi concentrarti su **esperienze** che arricchiscono davvero la tua vita—le relazioni autentiche, la gratitudine, gli atti di gentilezza. Questi hanno un impatto prolungato, perché ti connettono agli altri e ti fanno sentire parte di qualcosa di più grande. In definitiva, capire l'adattamento edonico ti aiuta a fare scelte migliori, a non cadere nella trappola del consumismo sfrenato e a vivere una vita più piena e autentica.

Perciò, la **scienza** della felicità non è solo roba da laboratorio. È una guida pratica per migliorare la tua vita, partendo dalla comprensione del cervello, passando per ciò che davvero ti realizza a lungo termine e arrivando fino alla gestione intelligente delle tue aspettative. In questa semplice ma profonda comprensione, trovi il vero segreto per una vita felice e soddisfacente.

Psicologia Positiva vs. Psicologia Tradizionale

Sai quanto sia sempre stato diffuso il concetto di **concentrarsi** sui difetti e sui problemi, vero? Bene, in passato, la psicologia si è spesso focalizzata solo su ciò che non andava. Ma, con l'arrivo della psicologia positiva, c'è stato proprio un bel **cambiamento**. Non più solo ansia e depressione, ma anche forza e **benessere**. Questo spostamento di focus è come guardare il bicchiere mezzo pieno invece di mezzo vuoto. Magari ti chiedi, ma come è successo tutto questo?

La psicologia positiva guarda più ai punti di **forza** delle persone. Invece di parlare di cosa c'è di sbagliato, si parla di cosa è giusto. Come quei giochi dove trovi il bicchiere più luminoso. Te ne rendi conto, no? Ti fai delle domande positive: "Cosa mi fa stare bene?", "In che cosa sono bravo?", invece di soffermarti sul negativo. Funziona così, perché la tua mente, se la nutri con pensieri buoni, diventa più forte. E non è che si dimentichino i problemi, eh, semplicemente li vedi da un'altra angolazione.

Ma guarda un po', non è che la psicologia tradizionale vada buttata via. La psicologia positiva la **completa**. E ti spiego come. Una volta ci si limitava alle patologie, ad etichettare le persone con disturbi vari. Però, un aspetto interessante è notare come i due approcci possano lavorare insieme. Come il famoso detto: "Due teste sono meglio di una." Non devi scegliere solo l'uno o l'altro, ma usarli come strumenti complementari. Immagina una cassetta degli attrezzi: cacciaviti per i problemi spinosi e scalpelli per scolpire i tuoi lati migliori.

La psicologia positiva aiuta a costruire una base forte su cui lavorare con la tradizionale. Molti psicologi ormai usano **tecniche** di entrambi gli approcci. Per dirla in modo semplice, è come mescolare il passato e il futuro per il benessere del presente. Utilizzi il meglio dei due mondi: curi le ferite quando devi, mentre continui a rinforzare la tua struttura personale.

Ma non tutto è perfetto nella psicologia positiva... sai. Alcuni la criticano per essere troppo ottimista. Insomma, che tutto sia rose e fiori? Si teme che, chi si concentra solo sul positivo, ignori i veri problemi. Gli aspetti pratici della vita. È un po' come dipingere su pareti crepate senza ripararle prima. Uber entusiasmi, potremmo dire. La precisione è tutto.

E poi ci sono quelli che trovano la psicologia positiva evanescente. Un po' vaga. Talvolta sembra dare ricette generali e mancare di **profondità**. Roba del tipo: "Pensa positivo, andrà tutto bene." Sappiamo che la vita può essere complicata e un consiglio super generico difficilmente aiuta nei momenti difficili.

Insomma, ogni approccio ha i suoi vantaggi e limitazioni. La cosa importante è trovare un **equilibrio** tra focalizzarsi sui punti di forza e riconoscere le difficoltà reali. Un po' come mantenere un bilancio sano.

Quindi, in ogni caso, la psicologia positiva offre una visione di speranza, da abbinare alla concretezza della psicologia tradizionale. In ogni terapia, essere in grado di vedere le cose da due diverse prospettive può veramente fare la differenza nella ricerca del tuo **benessere**.

In Conclusione

Questo capitolo ti ha offerto una **panoramica** completa sui fondamenti della psicologia positiva, spiegandoti i suoi principi chiave e come puoi applicarli per migliorare il tuo **benessere** e la tua felicità quotidiana. Hai esplorato le differenze tra la psicologia tradizionale e quella positiva, sottolineando l'importanza di un approccio basato sui punti di forza e sulle **emozioni** positive.

In questo capitolo hai visto l'essenza della psicologia positiva che si focalizza sul benessere e sulla **felicità**. Hai capito la distinzione tra psicologia positiva e approcci psicologici tradizionali. Hai scoperto come le emozioni positive possano rafforzare la tua **resilienza** mentale. Hai compreso l'importanza dei punti di forza del carattere e delle virtù nel promuovere il benessere. Infine, hai esplorato la scienza dietro la felicità e i fattori che contribuiscono alla **soddisfazione** di lungo termine.

Ora è il momento di mettere in pratica ciò che hai letto! Usa questi **principi** nella tua vita quotidiana per migliorare il tuo stato di benessere e sperimentare più felicità. Tu e le persone che ti circondano potrete beneficiare dei poteri della psicologia positiva, creando un **ambiente** più gioioso e appagante per tutti. Dai, mettiti in gioco e vedrai che differenza farà nella tua vita!

Capitolo 4: Cambiamenti di mentalità per il pensiero eccessivo

Ti sei mai chiesto perché ti ritrovi a **pensare** troppo, quasi goffamente? So come ci si sente. Questo capitolo ha il potere di **rivoluzionare** il tuo modo di vedere le cose. Esploreremo come trasformare pensieri intrusivi in input positivi, migliorando il tuo essere. Diventerai più **resiliente** e meno critico con te stesso - suona bene, vero? Permettimi di guidarti in questo processo. Supererai la tua voce interiore **negativa** e saprai come riprenderne il controllo. C'è anche un esercizio pratico che ti aiuterà a parlare a te stesso in modo più **positivo**. La tua **curiosità** sarà stimolata mentre ti mostro come rendere ogni pensiero, anche il più piccolo, uno **strumento** per crescere. Sei pronto a scoprire come partire da qui e continuare a **migliorare** un passo alla volta?

Sviluppare una Mentalità di Crescita

Adottare una mentalità di crescita può davvero aiutarti a ridurre le tendenze al pensiero eccessivo. Quante volte ti capita di rimuginare su un errore o su una piccola scelta sbagliata? Con una mentalità che accoglie la **crescita** personale, invece di vedere i tuoi errori come fallimenti, li vedrai come opportunità per migliorare. Prova a osservarti da fuori, con gentilezza, non con giudizio severo. Questa prospettiva può fare la differenza.

Pensare in questo modo può **cambiare** il modo in cui gestisci i pensieri negativi. Quando accetti che puoi sempre imparare e crescere, il peso delle aspettative si fa meno pesante. Non si tratta di essere perfetti sempre, ma di apprezzare il viaggio che fai ogni giorno per diventare una versione migliore di te stesso. Questa comprensione rende l'auto-critica meno dura e più costruttiva.

Passando alla riduzione dell'auto-critica negativa: credere nella crescita personale attiva una specie di **cambio** di marcia nella tua mente. Invece di dirti "Non sono bravo abbastanza" o "Ho rovinato tutto," inizi a pensare "Sto migliorando" o "Cosa posso imparare da questo?" Questo è importante perché quel vocio auto-critico nella testa di molti di noi può essere molto dannoso. Tutti abbiamo quei momenti in cui ci sediamo e rimuginiamo su qualcosa di stupido che abbiamo fatto o detto. Ma con la fiducia nella crescita, impariamo a essere più autosufficienti e sereni.

Inoltre, un metodo specifico per applicare questa mentalità è la tecnica del "non ancora." Questo piccolo **trucco** può trasformare in maniera potente le sfide e i contrattempi. Invece di dire, "Non posso farlo," prova a dire, "Non posso farlo ancora." Sembra una piccola differenza, ma guarda dove ti porta. Apre la porta a future possibilità. Non trasforma un fallimento in una sconfitta definitiva, ma in un passo del percorso.

Immagina di cercare di imparare qualcosa di difficile, come suonare uno strumento musicale o padroneggiare una nuova lingua. Sei tentato di pensare, "Non ce la faccio, è troppo difficile!" Ma con "non ancora," stai affermando che, sì, potrebbe essere difficile, ma alla fine ce la potrai fare. È una promessa di **crescita** e progresso. Questa frase mette le cose in prospettiva – si tratta di non smettere mai di imparare, renderci conto che tutti siamo un lavoro in corso.

Quindi, pensa a queste strategie come attrezzi nella tua cassetta degli attrezzi mentale. Adottare una mentalità di crescita riduce il peso del pensiero eccessivo. Credere nella tua capacità di crescere indebolisce quel mucchio di auto-critiche negative. E la tecnica del "non ancora" ti aiuta a riformulare le prove come gradini scalabili, non muri insormontabili.

Passare attraverso questa strada ti **preparerà** per affrontare al meglio le prossime avversità mentali con una mente più tranquilla e positiva. Mantenere questa mentalità vivace richiede un po' di pratica e consapevolezza costante. Ma, col tempo, vedrai i **cambiamenti** – e i cambiamenti nella tua vita mentale influenzeranno tutto il resto: le tue passioni, le tue relazioni, e il tuo benessere complessivo.

Praticare l'Auto-Compassione

Sai, l'**autocritica** severa è come un brutto temporale dentro la tua testa... Caos, rumore, stress. Spesso associamo il rimuginare con criticarci troppo duramente. Ma c'è una via d'uscita - l'**auto-compassione**. Usarla è come aprire un ombrello in mezzo a quel temporale, dandoti un attimo di pace.

Credimi, funziona davvero. Ti permette di affrontare la tua **ansia** in maniera più gentile. Invece di picchiarti mentalmente per ogni errore, inizi a trattarti con la stessa misericordia che riservi agli amici. Provi empatia per te stesso, e pian piano, quei pensieri negativi iniziano a svanire.

Ora parliamo dei tre componenti dell'auto-compassione che possono fare una grande differenza. Primo, l'auto-gentilezza. Significa essere caloroso e comprensivo con te stesso invece di severo e critico. Ti tratti come tratteresti un caro amico, dicendoti parole confortanti invece di rimproveri.

Passiamo al secondo componente: l'**umanità** comune. Capire che soffrire e commettere errori è parte dell'esperienza umana. Non sei solo... Tutti attraversano momenti difficili. Questo ti toglie dalle macerie dell'isolamento causato dall'autocritica.

Infine, la **mindfulness**. Si tratta di essere presente nel momento senza giudicarti. Accettare i tuoi sentimenti come sono, non come pensi dovresti essere. Con la mindfulness, eviti di farti travolgere dalle emozioni negative, osservandole con una certa distanza. Ti dà la possibilità di rispondere ai tuoi pensieri invece di reagire impulsivamente.

Immagina di combinare questi tre aspetti: inizi a essere meno duro con te stesso, a sentirti parte di qualcosa di più grande, e ad avere un senso di calma osservando i tuoi pensieri. Questa combinazione magica riduce davvero l'ansia e il rimuginare.

Ora prendiamo una pausa... una "pausa di auto-compassione." Questa tecnica è potente e semplice. Quando senti che la tua mente è sopraffatta, fermati. Fai tre profondi **respiri**. Riconosci il tuo dolore, come diresti: "Questo momento è difficile, ma va bene sentirlo."

Poi pensa a qualcuno a cui vuoi bene. Come tratteresti questa persona in quel momento? Porta quella compassione verso te stesso. Puoi provare a dirti frasi come: "Sono qui per te," o "Puoi superarlo, con calma."

Questa pratica può sembrare impostata all'inizio, ma con il tempo diventa automatica. Fa crescere un senso di gentilezza verso noi stessi che spesso manca. E diventa un antidoto piazzato proprio lì, accanto ai tuoi pensieri ansiosi. In ogni momento di stress o sconforto, questa pausa ti fa tornare in contatto con te stesso, ricordandoti di essere gentile e amorevole.

Quindi, ricapitoliamo un po'. L'auto-compassione è **potentissima** contro l'autocritica feroce. Integrando i tre componenti dell'auto-gentilezza, l'umanità comune e la mindfulness, puoi davvero ridurre l'ansia. E usando la tecnica della "pausa di auto-compassione" si sviluppa un attimo di calma e riconnessione.

Ogni passo è un modo per allenare la tua mente ad essere più compassionevole e meno critica. Con il tempo, diventerai la tua prima fonte di **supporto**, aprendoti a un'interpretazione più dolce e amorevole di te stesso. Non sei solo in questo. Ricorda, la strada verso la pace mentale inizia con un piccolo passo di auto-compassione.

Sfidare il Dialogo Interiore Negativo

Hai mai notato come il **dialogo** interiore negativo influisca sui tuoi pensieri? Ecco il punto. Identificare e mettere in discussione questo dialogo può interrompere i modelli di **pensiero** eccessivo. Quando ti accorgi che stai pensando in modo negativo, fai un passo indietro. Chiediti: "Perché sto pensando così?" Spesso, è solo una reazione automatica. Quindi, metti in discussione quei pensieri. Sono davvero veri? O stai esagerando? Sfidare queste idee può spezzare il ciclo del pensiero negativo.

Mettere in discussione il tuo dialogo interiore non è facile all'inizio. Ci vuole **pratica**. Ma è un modo potente per fermare i pensieri prima che prendano il controllo. Pensa a questo: invece di continuare a preoccuparti di quello che hai detto in una riunione, chiediti se è davvero tanto importante. Probabilmente no. Questo tipo di esercizio mentale aiuta a riportare le cose nella giusta prospettiva. Una volta interrotto il meccanismo del pensiero automatico negativo, noterai una riduzione del sovrapensiero. È come spegnere un interruttore.

Una tecnica che puoi usare è fare un elenco mentale. Ogni volta che un pensiero negativo ti colpisce, elenca le prove che lo confutano. Per esempio, se pensi di essere un fallimento perché hai fatto un errore al lavoro, elenca le cose che hai fatto bene. Forse ti sentirai un po' sciocco all'inizio, ma funziona.

Ora parliamo di un'altra grande strategia: la ristrutturazione **cognitiva**. Di cosa si tratta? Beh, ristrutturare i tuoi pensieri significa cambiarli deliberatamente. Prendere un pensiero negativo e trasformarlo. Per esempio, se pensi "Non sono capace", puoi sostituirlo con "Ho avuto dei successi in passato." È un modo per ingannare il tuo cervello.

Ristrutturare i pensieri negativi ha un impatto diretto sull'**ansia** e lo stress. Ti senti meno sotto pressione quando guardi le cose con un'ottica più positiva. Questo processo può ridurre significativamente l'ansia che spesso accompagna il sovrapensiero. Prendi un diario, scrivi i tuoi pensieri negativi e cerca di rifarli in modo positivo. La chiave è essere costante. Non aspettarti di cambiare tutto dall'oggi al domani.

Hai mai pensato a come i tuoi pensieri possono essere come dei **semafori**? Rosso per i pensieri negativi, verde per quelli positivi. Passare dal rosso al verde richiede solo un po' di pratica. Ogni volta che ti trovi bloccato in un pensiero negativo (semaforo rosso), prova a ristrutturarlo (semaforo verde). Questa semplice tecnica può davvero aiutarti a rivedere la tua prospettiva.

Per concludere questo argomento, parliamo di una tecnica pratica: il "fermare il **pensiero**". Funziona davvero. Ogni volta che ti trovi in una spirale di pensieri negativi, fermati. Letteralmente. Di' a te stesso "Basta". Oppure, usa una frase che preferisci. Il punto è interrompere il flusso.

Il "fermare il pensiero" è spesso usato per i disturbi d'ansia, ma tutti possiamo beneficiarne. Immaginalo come premere il pulsante di pausa su un telecomando. Ti dà il tempo di riprenderti. Una volta che hai fermato i pensieri, sostituiscili con qualcosa di positivo. Può essere qualsiasi cosa: un ricordo felice, un'immagine rilassante, o una frase motivante.

Se riesci a farlo regolarmente, scoprirai che non solo interrompi il flusso di pensieri negativi, ma inizi anche a prevenire il sovrapensiero in futuro. Non sta tutto nei trucchi complicati, a volte le soluzioni semplici sono le migliori. Allora, armati di queste

tecniche. Sfida il dialogo negativo, ristruttura i pensieri, e interrompi le spirali negative con il "fermare il pensiero". Non sarà sempre facile, ma è veramente **efficace**.

Reinterpretare i Pensieri Negativi

Cambiare **prospettiva** può fare una grande differenza quando si tratta di trasformare i pensieri negativi. Immaginalo così: hai una foto vecchia e sbiadita. Basta cambiare l'angolo o la luce e, all'improvviso, la foto sembra più bella e brillante. Così funziona anche con i nostri pensieri. Un cambiamento nella prospettiva può far sembrare una situazione molto meno grave di quanto appariva inizialmente.

Uno dei modi più efficaci per cambiare prospettiva è attraverso la **rivalutazione** cognitiva. Questo nome suona complicato, ma il concetto è semplice – si tratta di dare un nuovo significato a una situazione. Magari hai avuto una giornata storta al lavoro e subito pensi: "Sono pessimo nel mio lavoro." E se, invece, pensassi: "Oggi non è andata bene ma ho fatto del mio meglio e posso migliorare domani"? Ecco, hai appena usato la rivalutazione cognitiva.

Ora, passiamo alla tecnica del "**reframing**". Immagina di guardare un quadro da una cornice rotta e scolorita. Cambia la cornice, mettine una nuova e bella, e il quadro cambia completamente aspetto. Il "reframing" funziona allo stesso modo per i nostri pensieri. Si tratta di trovare interpretazioni alternative delle situazioni. Ad esempio, se pensi "Non sono abbastanza bravo," prova a dire: "Sto ancora imparando e migliorando." Questo semplice cambio di parole può avere un grande impatto sul tuo stato d'animo e sui tuoi livelli di **stress**.

La chiave per padroneggiare la tecnica del "reframing" è la **pratica**. Non è qualcosa che accade magicamente; bisogna esercitarsi. Ma con il tempo, diventa più naturale. Pensa ogni volta a quale altro punto di vista puoi prendere in considerazione. Sì, guardare da un'altra angolazione.

Facciamo un esempio pratico. Supponiamo che tu abbia ricevuto una critica sul tuo lavoro. Alla prima reazione magari pensi: "Questo significa che il mio lavoro fa schifo." Ma qui entra in gioco il "reframing". Forse la critica significa che c'è spazio per migliorare e imparare qualcosa di nuovo. Non di smettere, ma di **crescere**.

Ricorda, non si tratta di ingannarti o di vedere tutto in rosa come Pollyanna. Si tratta di vedere le cose in modo più equilibrato. Senza questi nuovi angoli, potresti restare bloccato nei tuoi pensieri negativi. Prova a chiederti: "C'è un altro modo di vedere questa situazione?"

Alla fine, è tutto un gioco di **prospettive**. Proprio come gli artisti che giocano con la luce e l'ombra per creare profondità nei loro quadri, puoi usare la rivalutazione cognitiva e il "reframing" per dare nuovi toni e luci ai tuoi pensieri quotidiani. Sperimenta con queste tecniche, aggiusta la tua prospettiva e scopri come cambia il quadro della tua vita.

Quindi, prova a rileggere quel capitolo che sembrava così negativo con una nuova luce. Fallo spesso e trasforma una semplice occasione negativa in una possibilità di crescita.

E così, pensa ad ogni **esperienza** non solo come una sfida, ma anche come una nuova opportunità. Probabilmente emergerà una visione nuova, più leggera e, perché no, anche più positiva della vita. Interessante, vero?

Esercizio Pratico: Script di Auto-Dialogo Positivo

Parliamo di **superare** il pensiero eccessivo con uno script di auto-dialogo positivo. Può sembrarti un po' strano all'inizio, ma è una tecnica davvero utile. Cominciamo!

Innanzitutto, devi **identificare** un pensiero negativo. È come trovare quel grillo fastidioso che continua a suonare nella tua mente. Magari pensi spesso, "Non sono bravo abbastanza" o "Non ci riuscirò mai". Metti questi pensieri sotto la lente d'ingrandimento. Qual è il pensiero negativo che ti perseguita di più?

Poi, **scrivi** l'emozione associata a questo pensiero. Senti ansia? Tristezza? Rabbia? Questi sentimenti sono come i colori che dipingono i nostri pensieri. Per esempio, "Non posso farcela" potrebbe farti sentire ansioso o troppo nervoso. Riconoscere l'emozione collegata ti aiuta a capire quanto il pensiero negativo influenzi il tuo stato d'animo.

Ora, devi **mettere in discussione** quel pensiero negativo come un investigatore che cerca la verità. Se pensi "Non posso farcela", cerca prove a favore e contro. Scavando un po', troverai sempre delle prove a tuo favore.

Il passo successivo è **creare** una dichiarazione positiva, ma realistica. Qualcosa in cui tu possa credere veramente. Invece di "Non posso farcela", prova con "Posso affrontare questa sfida e fare del mio meglio". È importante che questa affermazione ti risuoni e non ti sembri una bugia.

Adesso viene la parte divertente: **ripetere** la tua affermazione positiva ogni giorno per una settimana. Quando ti alzi al mattino, lascia che queste parole siano le prime che dici a te stesso nello specchio. E ripetile prima di andare a dormire. Fai un piccolo promemoria sul tuo telefono o lascia un Post-it sul frigorifero.

Alla fine della settimana, prenditi un momento per **riflettere**. Annota come ti senti. Hai notato qualche cambiamento, anche piccolo? Magari meno ansia? Forse un po' più di fiducia?

Il **cambiamento** nasce spesso dalle piccole cose. E se sei onesto e riflessivo, puoi notare passo dopo passo come migliori. Quelli che sembravano minimi progressi, possono rivelarsi il segreto per fermare quel cattivo circolo di pensieri.

Questo, quindi, è il potere dell'auto-dialogo positivo. Usalo come strumento per liberare la tua mente dal peso dei pensieri negativi.

In Conclusione

In questo capitolo hai esplorato lo **sviluppo** di una mentalità di crescita per ridurre la tua tendenza a pensare troppo. Adottando nuove tecniche e modi di vedere le **sfide**, puoi affrontare i pensieri negativi con una prospettiva più **positiva** ed equilibrata.

Hai scoperto come una mentalità di crescita possa ridurre i pensieri ossessivi e l'importanza di **credere** nella tua crescita personale per diminuire l'autocritica negativa. Hai imparato la tecnica del "ancora" per **riformulare** difficoltà e ostacoli. Inoltre, hai visto come l'**autocompassione** possa contrastare la critica interna severa e l'impatto della ristrutturazione cognitiva nel ridurre ansia e **stress**.

Mettere in pratica quanto hai appreso in questo capitolo può aiutarti a gestire meglio i tuoi pensieri, migliorando il tuo **benessere** mentale. Ricordati, ogni passo verso la crescita è un passo in meno verso l'ansia. In bocca al lupo per il tuo percorso!

Capitolo 5: Strategie Immediate per Smettere di Rimuginare

Sai cos'è peggio di un pesce d'aprile ben riuscito? Quella **mente** che non smette mai di funzionare, rigirando e rigirando **pensieri** come una lavatrice. Beh, ci sono passato e posso dirti... so esattamente cosa provi. In questo capitolo troverai **strumenti** che occupano pochi minuti ma che promettono sollievo immediato. Ti sorprenderà quanto può essere **potente** il metodo STOP, lasciando spazio a momenti di reale serenità. E poi, ci saranno **esercizi** di radicamento che ti riporteranno al presente, pensati apposta per te. Sarà come avere un **trucco** in tasca ogni volta che inizi a perderti nei tuoi pensieri. Ogni sezione è concepita per farti sentire padrone della tua mente. Questo capitolo ha quel qualcosa che ti farà chiedere perché non ci hai mai pensato prima. Sei pronto a scoprire quanti **strumenti** hai già dentro di te? Andiamo a vedere cosa ti aspetta...

Troverai tecniche che ti aiuteranno a interrompere il ciclo del rimuginare, come il metodo STOP, che è davvero una manna dal cielo quando ti senti sopraffatto. Gli esercizi di **radicamento** sono fantastici per riportarti con i piedi per terra quando la tua mente vaga troppo. E non preoccuparti, sono tutti pensati per essere facili e veloci da mettere in pratica.

Ogni volta che senti di perderti nei tuoi pensieri, avrai a disposizione questi trucchetti da tirare fuori dalla manica. È come avere un kit di pronto soccorso mentale sempre con te! E la cosa più bella?

Scoprirai che molti di questi strumenti li avevi già dentro di te, aspettavano solo di essere risvegliati.

Quindi, preparati a dire addio a quelle notti insonni passate a rimuginare e dai il benvenuto a una mente più serena e controllata. Sei pronto per questa avventura? Andiamo a scoprire insieme come puoi riprendere in mano le redini dei tuoi pensieri!

La Tecnica STOP

Ma quanto è facile farsi **prendere** dal vortice dei pensieri? La tecnica STOP può aiutarti a uscire immediatamente da quel loop. Non devi sempre trovare la radice dei problemi - a volte ti serve solo una pausa. Fermati, respira a fondo, osserva la situazione e poi continua. Sì, è così semplice.

Parlando della tecnica STOP, partiamo dal concetto che **Fermarsi** è il primo step. Quando senti quel turbinio di pensieri incalzanti, prendi coscienza del momento e ferma tutto. È come mettere una mano davanti a qualcuno che sta per folleggiare verso una porta - fermarlo prima che inciampi. Con i tuoi pensieri fai lo stesso. È solo un attimo, ma fa la differenza. Così spegni quel meccanismo automatico.

Il secondo passaggio è Prendi un **respiro**. Sembra banale, vero? Ma spesso ci dimentichiamo di farlo come si deve. Prendere un respiro profondo non significa solo ossigenarsi. È un modo per rilassarsi e rallentare il ritmo dei nostri pensieri alquanto caotici. Ti porta fuori dal momento di panico. Fai così: inspira lentamente contando fino a quattro, trattieni per quattro secondi e poi espira altrettanto lentamente. Ripeti finché non senti la mente calmarsi un po'. Hai dato una spinta al tuo cervello per fare quel piccolo riavvio necessario.

Andando avanti, c'è l'**Osserva**. Dopo che ti sei fermato e hai preso fiato, è il momento di fare un passo indietro emotivamente e osservare. Pensa a cosa stava causando quel moto continuo di pensieri. Questo non vuol dire giudicare o analizzare profondamente ogni dettaglio. Solo osserva cosa senti, cosa pensi, senza attaccarti a quei pensieri o emozioni. A me aiutava immaginare di essere un osservatore esterno della mia stessa situazione. Come guardare un film. Così hai più lucidità.

Una volta fatta questa osservazione, arriva il momento di **Procedere**. Questo è il passaggio in cui, con maggiore consapevolezza e un po' più di calma, riprendi il tuo cammino. Sei più attrezzato per affrontare i tuoi pensieri negativi senza farti sopraffare. Provi un senso di controllo, e credimi - non siamo fatti per essere le marionette delle nostre emozioni. Prendi una decisione consapevole su quale sarà il tuo prossimo passo. Con i pragmatici quattro passaggi, hai creato un meccanismo di difesa contro quel terribile bisogno di pensare troppo.

In sintesi, la tecnica STOP è come un piccolo **salvagente** che può impedirti di affogare nella fiumana dei pensieri. Applicando consapevolmente questi passaggi, inizi a rompere quegli schemi mentali negativi che portano all'overthinking. Ci vuole solo un po' di pratica e la volontà di provarci. In poco tempo vedrai come riuscirai a tenere meglio a bada quelle ondate di pensieri diventando più **padrone** della tua mente. Quindi, prova la tecnica STOP e goditi quei momenti di **pace** mentale che possono farti riscoprire il piacere delle piccole cose, libero da quel traumatico carico mentale quotidiano.

Esercizi di Radicamento

Ecco il **trucco**: gli esercizi di radicamento possono spostare rapidamente la tua attenzione dai pensieri interni alle sensazioni esterne. Li conosci quegli attimi in cui la mente fugge e tutto diventa nebuloso? Gli esercizi di radicamento sono come un'ancora nei casi in cui ti senti perso nei tuoi pensieri. Credi che sia possibile? Beh, proviamo insieme.

Immagina che la tua **mente** sia un palloncino che svolazza, e tu lo tieni con un filo. Gli esercizi di radicamento fanno un po' la stessa cosa: mantengono la mente ancorata all'adesso e al qui. Quindi, quando percepisci una spirale di pensieri negativi, portare la **concentrazione** sui tuoi sensi può aiutarti a rimanere presente. Semplici gesti come sentire una superficie ruvida possono tirarti fuori dal circolo vizioso della mente.

Ora, pensaci. Coinvolgere più **sensi** contemporaneamente ha benefici enormi a livello neurologico. Sai che quando utilizzi i tuoi sensi in modo consapevole, il tuo cervello inizia a lavorare in modalità diversa? È vero. Usare la vista, il tatto, l'udito e persino l'olfatto aiuta ad "agganciarti" alla realtà. Questo imprigiona meno i tuoi pensieri scomposti e l'ansia si riduce. Le connessioni neurali lavorano più apertamente, facilitando uno stato mentale più calmo.

Facciamo un esperimento, ok? Chiudi gli occhi per un secondo e pensa a dove ti trovi adesso. Riapri gli occhi e nota tutto intorno a te. Vedi? Questo è un piccolo **esercizio** di radicamento. Così semplice e così efficace.

Ora, ti presento una tecnica che tutti possono fare: l'esercizio "5-4-3-2-1". Si dice che gli strumenti pratici siano i migliori, giusto? Questo qua è un vero toccasana. Si tratta di un esercizio di **consapevolezza** sensoriale che agisce quasi immediatamente. Seguimi passo dopo passo.

• Cinque: guarda e identifica cinque cose che puoi vedere intorno a te. Magari il colore di una tazza o una foglia.

• Quattro: ora tocca e nomina quattro cose che puoi toccare. Il tessuto dei tuoi vestiti o la consistenza della tua scrivania.

• Tre: ascolta e trova tre suoni che puoi udire. Il cinguettio fuori dalla finestra o un cuore che batte.

• Due: annusa e riconosci due odori diversi. Magari il profumo del caffè o il sapore dell'aria fresca.

• Uno: infine, assapora una cosa che puoi gustare. Potrebbe essere una caramella o il semplice gusto della tua saliva.

Presentato questo esercizio, puoi capire quanto sia **potente** portare l'attenzione al presente attraverso i sensi. Non serve altro. Basta coinvolgersi per provare. Ti senti già un po' più radicato alla terra, vero?

Gli esercizi di radicamento possono sembrare semplici, quasi banali. Ma la verità sta nella loro efficacia disarmante. Ripetere questi gesti fa sì che la mente trovi un suo **equilibrio** naturale, fuori dalla morsa dei pensieri negativi. Provaci. Vedrai, funziona.

Metodi di Diffusione del Pensiero

Vuoi sapere un segreto per creare un po' di **distanza** tra te e i tuoi pensieri intrusivi? La diffusione del pensiero può aiutarti proprio a fare questo. Immagina di poter mettere i tuoi **pensieri** su uno schermo TV, guardarli ma senza sentirti coinvolto. Ecco come funziona la diffusione del pensiero. Diventano come spettatori al cinema, distanti e meno potenti.

Quando ti accorgi di avere un pensiero fastidioso, prova a non combatterlo. Lascialo lì, ma senza dargli troppa importanza. Proprio come faresti con una canzone che non ti piace alla radio – ti accorgi che c'è, ma continui per la tua strada. È un modo per non farti rapire. **Pratica** questa tecnica ogni volta che ne hai bisogno e vedrai che diventerà sempre più facile.

Ma perché questo metodo funziona? C'è un concetto chiamato "**defusione** cognitiva" che spiega il tutto molto bene. Si tratta di una tecnica della Terapia dell'Accettazione e dell'Impegno (ACT), che mira a ridurre l'attaccamento ai propri pensieri. In altre parole, spiega come smettere di farti dominare.

La defusione cognitiva è un po' come guardare da una certa distanza una scena che fa paura. Quando la vedi da vicino, sembra travolgente. Ma se ti allontani, te ne accorgi che non è davvero così spaventosa. Ti permette di osservare i tuoi pensieri anziché sentirli come assolute verità.

Ora, una tecnica super utile per praticare la defusione cognitiva è la **visualizzazione** "foglie su un ruscello". Devo dire che l'ho trovata davvero semplice ed efficace.

Immagina di accomodarti vicino a un **ruscello** con delle foglie che galleggiano sulla sua superficie. Ogni volta che un pensiero arriva nella tua mente, mettilo delicatamente su una foglia e guarda mentre la corrente lo porta via. Non importa la natura del pensiero – triste o felice, stressante o confortante – lo poggi sulla foglia e osservi mentre scompare lungo il flusso dell'acqua.

Questo **esercizio** non solo ti aiuta a lasciare andare i pensieri negativi, ma ti insegna anche a non attaccarti nemmeno a quelli che ti piacciono. La chiave sta nel permettere ai pensieri di andare e venire senza aggrapparsi a loro. Quindi, sentiti libero di ripeterlo ogni volta che avverti la presenza di pensieri invadenti.

Ma c'è un trucco... dovrai essere paziente con te stesso. Non aspettarti che funzioni perfettamente fin da subito. Come qualsiasi tecnica, richiede pratica e tempo. E dovresti accettare anche qualche fallimento lungo il percorso, senza giudicarti in modo troppo severo. Analizza ogni tentativo come un passo verso un **equilibrio** mentale migliore.

Allora, mentre continui a esercitarti con la tecnica delle foglie su un ruscello, cerca anche di notare altre situazioni nella vita in cui puoi mettere in pratica la defusione. Noterai come questi metodi semplici possono diventare potenti alleati nella tua lotta contro i pensieri intrusivi.

La Tecnica 5-4-3-2-1

Parliamo del **metodo** 5-4-3-2-1. Quando hai quel ronzio costante dei **pensieri** che non va via, può diventare davvero fastidioso. Qui entra in gioco questa tecnica, che può interrompere rapidamente quei cicli di pensiero eccessivo che ti tormentano. Innanzitutto, è facile da ricordare e non necessita di attrezzature particolari, solo un po' di pratica.

La tecnica funziona così: devi riconoscere e identificare cinque cose che puoi vedere intorno a te. Poi quattro cose che puoi toccare, tre cose che puoi sentire, due odori che percepisci, e infine un gusto. Facendo questo, distogli la tua **attenzione** dai pensieri ossessivi e ti concentri sul presente.

Non è magia, semplicemente un modo pratico di distrarre la **mente**. Il trucco sta nell'impegno sensoriale. Sei circondato da stimoli che spesso ignori, ma portarli alla tua attenzione può essere una strategia molto efficace. Cambia la tua prospettiva e ti riporta al "qui e ora".

Ma come funziona concretamente il metodo 5-4-3-2-1? Vediamolo insieme passo per passo. Prima di tutto, siediti comodo. Guarda attentamente intorno e riconosci cinque cose visibili: potrebbe essere la sedia su cui ti siedi, una foto sul muro, una lampada sul tavolo, qualsiasi cosa. Questo aiuta ad attivare il **senso** della vista, toglie la mente dai pensieri eccessivi, e punta il focus sugli oggetti esterni.

Procedendo, passa al tatto. Che cosa puoi sentire? Tocca quattro cose diverse—potrebbe essere il tessuto della maglietta che indossi, la consistenza del tavolo davanti a te, la superficie liscia del tuo telefono. Prenditi un momento per davvero sentire e apprezzare le texture.

Fatto questo, è tempo per gli orecchi. Identifica tre cose che puoi ascoltare. Forse è il ronzio del computer, il battito del tuo cuore se ti concentri abbastanza, o anche il rumore di macchine dalla strada. Sentire questi suoni ti tira fuori dal loop di pensieri involontari e ti fa tornare di nuovo presente.

Poi arriva l'odore. Cerca due odori che puoi riconoscere in quel momento. Potrebbe essere il profumo del caffè che hai fatto al mattino o il leggero odore della pioggia che entra dalla finestra. Anche concentrarsi sui sensi olfattivi aiuta a liberare la mente dai pensieri continui.

Finalmente, arriva l'ultimo passo, il **gusto**. Trova un sapore, anche immaginato se non hai niente da assaggiare. Forse il retrogusto della colazione, o un'ondata di menta da un chewing gum recente. Ora ti stai immergendo completamente nel momento presente, riducendo lo spazio per i pensieri sovrabbondanti.

Attraverso questa analisi sensoriale sequenziale, dai un balzo fuori dai tuoi pensieri ingombranti e ritorni al qui e ora. Distrarre la mente utilizzando tutti i **sensi** non rende spazio agli eccessi di pensiero. Questo metodo è la dimostrazione che prendere **consapevolezza** dell'ambiente intorno a te in modo metodico può davvero calmare la mente. Prova la tecnica 5-4-3-2-1—è come premere un interruttore per spegnere la mente iperattiva e accendere la calma.

Esercizio Pratico: Interrompere il Pensiero Eccessivo in 5 Minuti

Ti sei mai sentito come se la tua **mente** fosse un disco rotto, bloccata su un singolo pensiero che non si ferma mai? Bene, è ora di prendere il controllo e fermare quel vortice di pensieri inutili. Cominciamo con qualcosa di molto semplice. Prendi un timer e impostalo per 5 minuti. Questo piccolo esercizio non ti ruberà più tempo di così.

Prima cosa da fare: **respira**. Non sottovalutare il potere del respiro. Fai tre respiri profondi, lentamente, in modo da sentire l'aria entrare nei polmoni e poi uscire. Inspira... espira. Ripeti. Quando ti concentri sul respiro, è più facile spostare l'attenzione da quei pensieri ripetitivi. Ancora uno... e si parte.

Adesso, spalanca gli occhi. Guardati intorno e nomina cinque cose che puoi **vedere**. Qualsiasi cosa va bene. Quell'orologio sulla parete, la penna sulla scrivania, la tazza di caffè, il libro che hai lasciato a metà, o persino il tuo gatto che dorme sul divano. Nota i dettagli, i colori, le forme. Semplice, vero? Ma tremendamente efficace per spostare l'attenzione.

Ora usiamo il tatto. Trova quattro cose che puoi **toccare**. Descrivi mentalmente la loro texture. Il tessuto della sedia sotto le dita, la superficie liscia del tuo telefono, il ruvido della coperta sul divano, o il freddo metallo della maniglia della porta. Concentrarti su queste sensazioni tattili ti riporta al presente.

Adesso, fermati e ascolta. Cerca tre **suoni** distinti intorno a te. Può essere il rumore del traffico fuori, il fruscio delle pagine di un libro in lontananza, o il ronzio del frigo in cucina. Chiudi gli occhi se ti serve. Sentire i suoni ti obbliga a rallentare, concentrarti e lasciarti alle spalle il resto del mondo.

Cosa c'è nell'aria? Prova a individuare due **odori**. Forse il profumo di un fiore vicino a te, del cibo appena cucinato, o l'aria fresca che entra dalla finestra. Gli odori sono potentissimi quando si tratta di evocare ricordi e sensazioni. Annusa, senti e descrivi nella tua mente.

Infine, prova a riconoscere un **sapore** in bocca. Non deve per forza essere attuale; va benissimo un sapore che puoi richiamare dalla memoria. Il dolce dello zucchero, il leggero amaro del caffè, o anche la morbidezza dell'acqua nel palato. Pensare a un sapore o notarlo serve per coinvolgere completamente i sensi.

Ecco, hai usato cinque minuti per interrompere il ciclo dell'overthinking e, scommetto, ti senti un po' meglio adesso. Hai riscoperto il mondo attraverso i tuoi **sensi**, pezzo per pezzo. Quando senti che i pensieri tornano, ripeti questo esercizio. Bastano pochi minuti per ritrovare la calma.

L'esercizio è un richiamo piacevole al presente. Partendo dal respiro profondo fino alla fine, ti affidi alla realtà e alle sensazioni immediate che possono interrompere il flusso costante delle preoccupazioni. La prossima volta che senti la mente che galoppa, chiediti: cosa posso vedere, sentire, toccare, odorare e assaporare?

In Conclusione

Questo capitolo ti ha fornito **tecniche** per fermare subito il rimuginamento, aiutandoti a ridurre l'**ansia** e a riprendere il controllo dei tuoi **pensieri**. Attraverso vari strumenti pratici, come il metodo STOP e gli esercizi di radicamento, ora sei attrezzato per intervenire sui tuoi pensieri invasivi e riportare la tua **attenzione** al presente.

Hai visto come il metodo STOP possa dare una pausa immediata al rimuginamento. Hai capito l'importanza di interrompere i cicli di pensieri grazie ai principi della **psicologia**. Ti sei familiarizzato con i quattro passi del metodo STOP: Fermati, Respira, Osserva, Procedi. Hai esplorato gli esercizi di radicamento che spostano l'attenzione dai pensieri alle sensazioni esterne. Hai anche scoperto il beneficio neurologico di coinvolgere tutti i sensi per ridurre l'ansia.

Ricorda, applicare queste **strategie** nella vita quotidiana ti aiuterà a gestire meglio i tuoi pensieri e a vivere più serenamente. Metti subito in pratica quanto hai appreso per vedere i **benefici** e creare un cambiamento positivo nel tuo modo di affrontare i momenti di ansia e stress. La tua mente diventerà un luogo più tranquillo e controllato. Dai, sei sulla strada giusta! Continua così e vedrai che, con un po' di **pratica**, riuscirai a dominare quei pensieri fastidiosi che ti tormentano.

Capitolo 6: Tecniche di Ristrutturazione Cognitiva

Hai mai sentito che i tuoi **pensieri** a volte ti giocano brutti scherzi? Bene, in questo capitolo andremo più a fondo in questo mondo misterioso in cui i pensieri distorti sembrano prendere il comando. Ti guiderò, passo dopo passo, attraverso un cammino che **trasformerà** il tuo modo di vedere le cose. Sai, anch'io una volta mi sono trovato intrappolato in questo loop di pensieri ripetitivi e sconfortanti, ma per fortuna c'è sempre una via d'uscita.

Ora, cominciamo a **esplorare** insieme come queste tecniche possono aiutarti a identificare e sfidare i tuoi pensieri negativi. Imparerai a creare **pensieri** più equilibrati e a utilizzarli nella vita di tutti i giorni. Pronto a cambiare **prospettiva**? Sì, perché questo capitolo è pronto per destrutturare quelle **convinzioni** saldamente radicate nel profondo della tua mente.

Dai, forza... il **potere** di cambiare è nelle tue mani! Questo viaggio ti porterà a scoprire nuovi modi di **interpretare** le situazioni, permettendoti di liberarti da quelle catene mentali che ti hanno tenuto bloccato finora. Non vedo l'ora di accompagnarti in questa avventura di crescita personale!

Identificare le Distorsioni Cognitive

Forse non te ne accorgi subito, ma **riconoscere** le distorsioni cognitive può davvero aiutarti a rompere i modelli di pensiero eccessivo. È come scoprire un'interruzione in una catena che sembra infinita. Quando inizi a **identificare** questi schemi di pensiero distorti, cominci anche a fermare quei circoli viziosi di preoccupazioni e ansie, trasformandoli in qualcosa di più gestibile.

Le distorsioni cognitive sono quei trucchi che la nostra mente usa, portandoci a vedere le cose in modo più **negativo** di quanto realmente siano. Ce ne sono molte, ma alcune sono più comuni e sicuramente le hai già sperimentate. Per esempio, se ti trovi spesso a immaginare scenari catastrofici, probabilmente stai cadendo nel "Catastrofismo". Qui vedi il peggior scenario possibile, anche se improbabile. È davvero sorprendente come la mente possa portarti a **pensare** così. Gli psicologi hanno persino dato nomi a molte di queste: l'"Ipersensibilità" è quando pensi che gli altri parlino sempre di te, o la "Personalizzazione" è prendere un commento neutro e immaginare un'offesa. Intuitivo, vero?

C'è anche la "Minimizzazione positiva" dove ignori o sminuisci i tuoi successi. "Non è tutto oro quello che luccica", ti dici. **Pensieri** come questi possono far sembrare tutto nero e offuscato. Ma c'è luce in fondo al tunnel!

Ora, parliamo di come individuare queste distorsioni. Immagina di essere una specie di detective dei pensieri irrazionali, il tuo piccolo "detective delle distorsioni". Ogni volta che ti viene uno di quei pensieri bui, fermati. Chiediti: è davvero vero? Prova a valutarlo obiettivamente, quasi come fossi un investigatore che esamina le prove. Questo è particolarmente utile quando cadi nel "Tutto o Niente". Sai quando ogni piccolo errore ti sembra una catastrofe totale? Analizzalo – lo è davvero? Ne dubito...

C'è un altro trucco veloce! Tieni un diario dei pensieri. Scrivi cosa pensi quando ti senti trascinato in circoli viziosi di **ansia** o tristezza. Di solito, solo vedere queste frasi nero su bianco ti mostrerà quanto siano esagerate.

Ecco un'ultima chicca su cui riflettere. È importante ricordare che anche i **pensieri** positivi possono diffondersi. Non permettere che la catena di pensieri negativi offuschi completamente la luce dei momenti felici che vivi giorno per giorno.

Ci sono davvero molte altre tecniche, ma **riconoscere** i tuoi pensieri come un detective delle distorsioni è il primo passo. Ogni piccolo progresso fa molto per allentare e sciogliere le tensioni. Un passo alla volta, come piantare un seme – respira tranquillamente e vedrai i risultati.

Il Modello ABC dei Pensieri e delle Emozioni

Vuoi capire come i tuoi **pensieri** influenzano i tuoi **sentimenti**? Il modello ABC ti può dare una mano. È una strategia semplice, ma potente, per analizzare il legame tra ciò che pensi e come ti senti. Nascosto dietro questo acronimo ci sono tre componenti fondamentali: Evento attivante (A), Credenza (B) e Conseguenza (C). Diamo un'occhiata a ognuno di questi elementi e vediamo come possono aiutarti a mettere in pausa quei pensieri ripetitivi.

Il primo elemento di questo modello è l'Evento attivante (A). È la situazione che scatena i tuoi pensieri automatici. Può essere una cosa apparentemente insignificante, come un commento di un collega o un'e-mail che non ricevi. In pratica, è ciò che trovi sulla tua strada durante la giornata. Immagina di essere in ufficio e di ricevere un'e-mail dal tono un po' brusco dal tuo capo. Questo è il tuo Evento attivante. Facile, no?

Passiamo al secondo elemento: la **Credenza** (B). Dopo che ti succede qualcosa, subito inizi a pensare a quell'evento. Ed ecco dove arriva la tua credenza. Spesso, non sei nemmeno cosciente dei pensieri che ti passano per la testa. Tornando all'e-mail del capo, potresti pensare: "Non apprezza il mio lavoro" oppure "Farò presto un errore e verrò licenziato." Ecco, queste sono le tue credenze. Questi pensieri influenzano direttamente i tuoi sentimenti e comportamenti.

Arriviamo alla parte finale: la **Conseguenza** (C). Questa è la reazione emotiva o comportamentale che segue i tuoi pensieri. Può essere la sensazione di ansia, tristezza, preoccupazione, o persino cambiamenti nel tuo comportamento. Se credi che il tuo capo non apprezzi il tuo lavoro, potresti iniziare a sentirti ansioso e a dubitare delle tue capacità. Questa è la conseguenza delle tue credenze. È interessante vedere come un semplice pensiero possa avere un impatto così grande, vero?

Bene, abbiamo visto la teoria. Vediamo ora come applicare questo modello per fermare il sovraccarico mentale. Innanzitutto, prenditi un momento per identificare il tuo Evento attivante. Chiediti: "Cosa è successo?" Segna proprio l'evento, senza aggiungere interpretazioni personali. Torniamo al nostro esempio dell'e-mail: "Ho ricevuto un'e-mail dal mio capo."

Proseguiamo con le credenze. Quando hai individuato l'evento scatenante, prenditi un momento per riflettere su quali **pensieri** ti sono venuti in mente subito dopo. "Cosa ho pensato subito dopo aver ricevuto l'e-mail?" Identifica questi pensieri e mettili per iscritto. Inoltre, cerca di essere onesto con te stesso. A volte, questi pensieri possono essere esagerati o irrazionali.

Infine, osserva le conseguenze. Come ti sei sentito dopo aver avuto quel pensiero? Quali **emozioni** o comportamenti ne sono derivati? Forse hai sentito una stretta allo stomaco, o hai evitato di fare domande al tuo capo. Così facendo, potrai riconoscere lo schema che segue l'Evento attivante, credenze e conseguenze. Ti darà una sorta di mappa dei tuoi pensieri e sentimenti.

In sintesi, il modello ABC è un utile **strumento** per mettere ordine nel caos dei pensieri. Identificando eventi, credenze e conseguenze, puoi prevenire la reazione automatica che porta all'ansia e allo stress. Puoi iniziare a usare questo modello nella tua vita quotidiana e vedere come ciò cambi il modo in cui reagisci agli **eventi**.

Sfida del Pensiero Basata sull'Evidenza

Prima di tutto, devi raccogliere **prove**. A volte ti trovi a pensare tanto che non riesci più a distinguere tra la realtà e quella che è solo frutto della tua mente. Qui viene in aiuto il raccogliere prove. Devi essere come un investigatore della tua vita, cercando indizi che confermano o negano i tuoi pensieri. Non importa se ti sembra un po' strano. Fidati, può fare **meraviglie**.

Quando ti senti sopraffatto dai pensieri, è utile mettere nero su bianco le cose. Scrivi i pensieri e confrontali con la realtà. Domandati: "Ho qualche prova reale che supporta questo pensiero?" Vai dritto al punto, guardando i fatti oggettivi, non le emozioni che ti dirigono spesso fuori rotta. Trova la robustezza in quello che puoi vedere, sentire, toccare. Questo è un grande **aiuto**.

Cambiare prospettiva così? Roba da maghi! Ma sul serio, è più semplice a dirsi che a farsi. Incrementa la tua fiducia riconoscendo le prove vere e smettendo di soffermarti su mere ipotesi. Di questo ci occuperemo nel prossimo passaggio.

Adesso, passiamo ad una parte essenziale. L'importanza di un'**analisi** obiettiva per ridurre l'ansia e lo stress. Quando resti intrappolato nei pensieri, determinare cosa è reale può sembrare impossibile. Ma non lo è. Un'analisi fredda e neutrale dei fatti aiuta a mettere le cose in prospettiva. Pensa a te stesso come uno scienziato che analizza i dati in maniera distaccata.

Effettuando questa analisi obiettiva, vai a ridurre il potere che i pensieri ossessivi hanno su di te. Misura i pensieri rispetto ai fatti; non a quello che temi potrebbe essere vero. Spesso, il distacco capovolge la situazione per il meglio. E appena vedi che i pensieri non sono così granitici, l'ansia comincia a dissolversi un po'. Interessante, vero?

Ora, per collegarci con il prossimo concetto. Hai mai sentito parlare del "registro delle prove"? Eccoci qua, amico. Questa è una tecnica particolarmente efficace per monitorare e sfidare sistematicamente i pensieri negativi in modo strutturato e guidato, qualcosa come un **blocco-note** personale per la mente.

Il "registro delle prove" suona complicato, ma è essenzialmente uno strumento pratico e semplice per verificare i pensieri negativi. Prendi un quaderno. Ogni volta che un pensiero frustrante o ansioso emerge, annotalo. Dopo di che, aggiungi le prove a sostegno e quelle contrarie a quel pensiero. Quello che succede è stupefacente: esaminando tutte queste prove, riesci a metterti a confronto più obiettivamente con i tuoi pensieri. Puoi anche trovare le contrarie più frequentemente e scoprire possibili **errori**.

Come funziona? Scrivendo, alleni la mente a pensare analiticamente. Esplori tutte le prove, non solo quelle che rafforzano i tuoi timori. Trovi uno schema? Ingrandisce l'**autoconoscenza** e ti permette di affrontare meglio paure e dubbi. Questo diario diventa un amico su cui fare affidamento nelle giornate storte.

Ecco che sfidare i pensieri con prove concrete è come un vaccino mentale. Pochi minuti al giorno, un quadernetto a lato, e inizi a osservare la tua ansia computarsi e calare. Le linee della mente si rivelano meno ondulate e più chiare, permettendoti un respiro di **sollievo**.

Quindi, metti in valigia queste tecniche. Fai il racconto di prove il tuo scudo personale. Non perdere tempo sui pensieri che non hanno fondamenta robuste. Sfida, analizza, annota. E sradica per sempre lo stress e l'ansia con le armi della **razionalità**.

Creare Pensieri Equilibrati

Hai presente quel detto, "Tutto o nulla," o bianco e nero? Beh, se **pensi** sempre così, sei destinato a soffrire. I pensieri equilibrati sono come medicine per quella mentalità rigida. Hai mai notato quanto spesso giudichi le cose come buone o cattive, giusto o sbagliato? Questo modo di pensare ti fa finire in una trappola, causando **stress** e, sì, molto pensiero eccessivo.

Pensieri equilibrati significano vedere le sfumature di grigio tra il bianco e il nero. Ad esempio, se un **progetto** non va come previsto, non è la fine del mondo; può essere solo un'opportunità di crescita. La prossima volta che incontri una situazione difficile, prova a cercare aspetti positivi e negativi, creando una visione più bilanciata.

Ma come si sviluppano questi pensieri? Pensaci come allenare un muscolo. Richiede **pratica** e pazienza. Non puoi cambiare il modo di pensare da un giorno all'altro. Magari, inizia tenendo un diario dei tuoi pensieri. Quando ti senti sopraffatto, scrivi ciò che pensi di quella situazione. Poi, rileggilo e prova a trovare un punto di vista bilanciato.

Passiamo ora a parlare di **flessibilità** cognitiva. È un termine elegante, ma in pratica è semplice. Significa essere in grado di cambiare prospettiva, di adattarti a nuove informazioni e situazioni alla svelta. Questo è essenziale per diminuire il pensiero eccessivo. La rigidità mentale crea una tensione inutile. Essere flessibili ti aiuta a trovare soluzioni creative e ridurre l'ansia.

Prendiamo un esempio: Hai un conflitto con un amico. Pensieri rigidi potrebbero farti credere che tu abbia completamente ragione e l'altro sia totalmente sbagliato. Ma se applichi la flessibilità cognitiva, puoi considerare la situazione dal punto di vista del tuo amico. Capire le sue ragioni non cambia il fatto che tu sia arrabbiato, ma ti permette di vedere il quadro completo. Alla fine, questo riduce il conflitto e il pensiero negativo.

Una tecnica utile per coltivare pensieri equilibrati e migliorare la flessibilità cognitiva è quella del "sia-e". Cos'è? Invece di considerare le cose come una scelta "o/o", pensa a entrambe le opzioni contemporaneamente. Ad esempio, invece di dire "Oggi ho fallito, quindi sono un fallimento", potresti dire "Oggi ho fallito in questo compito specifico e ho anche imparato qualcosa di nuovo per la prossima volta".

Il "sia-e" ti permette di accogliere la **complessità** e rendere il pensiero più sfumato. Quando lo metti in pratica, ti rendi conto che ogni situazione ha più lati. Questo allevia la pressione di giudicare tutto rapidamente e riduce lo stress. È una tecnica per bilanciare i pensieri intorno alle difficoltà e ai successi, creando una visione più completa di te stesso e delle tue esperienze.

Quindi, inizia presto ad includere il "sia-e" nella tua routine mentale. Potresti scrivere affermazioni "sia-e" ogni giorno come esercizio. O semplicemente, prova a farci caso e applicarlo quando ti senti stressato per qualcosa.

Sviluppare pensieri equilibrati, imparare la flessibilità cognitiva, e usare la tecnica "sia-e"? Fallo e vedrai come il tuo **approccio** alla vita diventerà più sereno. Noterai una straordinaria riduzione del pensiero negativo e riuscirai a vivere meglio.

Esercizio Pratico: Scheda di Registrazione dei Pensieri

Oggi, parliamo di come usare la scheda di registrazione dei **pensieri** per fermare il rimuginare. È una tecnica super utile per organizzare la tua mente e ridurre lo **stress**. Ecco come farlo bene:

Per cominciare, pensa a una **situazione** recente in cui ti sei trovato a rimuginare. Magari era qualcosa successo al lavoro o un piccolo malinteso con un amico. È importante identificare il momento preciso che ha scatenato tutto, così puoi capire meglio cosa è andato storto. Ad esempio, potresti aver inviato un'email al tuo capo e passato ore a ripensarci, chiedendoti se fosse troppo diretta.

Ora, devi scrivere quei **pensieri** che ti sono venuti in mente in quella situazione. Magari era qualcosa come "Non sono capace," o "Ho fatto una brutta figura." Questi pensieri automatici spesso sono i colpevoli che ci fanno rimuginare per ore. Anche se sembrano stupidi, scrivili. Scriverli aiuta a vederli sotto una nuova luce.

Il prossimo passo consiste nel capire quanto forti siano queste **emozioni**. Valuta la loro intensità su una scala da 1 a 10. Ad esempio, se pensi "Non sono capace", potresti sentirti triste o ansioso a livello 8. Durante questo esercizio potresti essere sorpreso da quanto siano intense queste emozioni. Ma niente panico. Questo serve solo a identificarle e capirle meglio.

Le distorsioni cognitive sono quelle trappole mentali che rendono i pensieri più negativi di quanto dovrebbero essere. Qui devi identificare se i tuoi pensieri automatici contengano **distorsioni**. Potrebbe trattarsi di pensieri come il "pensiero tutto-o-niente" in cui vedi tutto in bianco o nero. Prendi il pensiero "Ho fatto una brutta figura" ad esempio. È un po' estremo, vero? Forse non è proprio realistico.

Adesso è il momento di giocare al detective. Cerca **prove** a favore e contro quei pensieri automatici. Prova a scoprire se ci sono elementi reali che dimostrano che il pensiero "Non sono capace", ad esempio, è vero. E vedrai che molte volte non ci sono affatto. O forse ci sono solo in piccola misura. Rafforzare i pensieri con realtà piuttosto che supposizioni può fare una grande differenza.

Ora si tratta di riformulare quei pensieri negativi in qualcosa di più equilibrato e realistico. Se hai scoperto che probabilmente non hai fatto una brutta figura, potresti pensare qualcosa come "Forse la mia email era un po' diretta, ma stavo solo cercando di essere chiaro."

Un pensiero più **bilanciato** ti farà sentire molto meglio rispetto ai pensieri estremi iniziali.

Infine, devi rivalutare l'intensità delle tue emozioni dopo aver considerato questo nuovo pensiero bilanciato. Ritorna alla tua scala da 1 a 10 e verifica se le emozioni sono ancora così forti come prima. Spesso, scoprirai che non lo sono. La tristezza o l'ansia originarie potrebbero essere diminuite significativamente. Questo è il tuo segnale che stai facendo **progressi**.

Sin dai primi tentativi, noterai come l'identificare, valutare e ristrutturare i tuoi pensieri può portare a una riduzione del rimuginare e a una maggiore tranquillità mentale. Dai, prova! Vedrai che differenza può fare nella tua vita quotidiana.

In Conclusione

Caro lettore della quinta elementare, abbiamo esplorato **dettagli** importanti in questo capitolo che possono aiutarti a gestire meglio le tue **emozioni** e pensieri quotidiani. Hai imparato tecniche preziose per riconoscere e modificare i tuoi pensieri negativi, promuovendo una **mente** più sana e positiva.

In questo capitolo hai visto:

• Che riconoscere le distorsioni cognitive può aiutarti a interrompere i modelli di **pensiero** troppo complessi.

• Quanto siano comuni le distorsioni cognitive e l'**impatto** che hanno sui tuoi pensieri.

• Il "metodo del detective delle distorsioni" per individuare pensieri irrazionali.

• Come il modello ABC può aiutarti a capire la relazione tra pensieri e **sentimenti**.

• Quanto sia importante analizzare obiettivamente raccolte di prove per ridurre l'ansia e lo **stress**.

Rinforzarti con queste tecniche ti aiuterà a vivere in modo più sereno, sapendo come gestire le **sfide** emotive che potresti incontrare. Metti in pratica tutto ciò che hai imparato in questo capitolo nella tua vita di tutti i giorni e vedrai come piccoli cambiamenti possano fare una grande differenza. Sei tu il comandante dei tuoi pensieri!

Capitolo 7: Strategie di Regolazione Emotiva

Ti sei mai chiesto come **gestire** meglio le tue **emozioni**? Beh, lascia che ti racconti qualcosa di importante. Qui, parliamo di trasformare il caos emotivo in opportunità di **crescita** personale. In questo capitolo, ti offro gli **strumenti** che mi hanno aiutato a riconoscere e comprendere le emozioni, e lo farò in modo semplice e diretto.

Immaginati questo: stai per imparare a leggere i tuoi **sentimenti** come un libro aperto... Sì, è possibile! Attraverso alcune **strategie**, come esprimere le emozioni correttamente e il metodo dell'Azione Opposta, potrai migliorare in modo pratico il **controllo** di ciò che senti. Utilizzerai un kit di strumenti di regolazione emotiva che ho preparato appositamente per te.

Non è magia, è solo **conoscenza** che puoi acquisire e usare ogni giorno. Sei pronto a esplorare nuove prospettive? O non vedi l'ora di sentirti più padrone delle tue emozioni? Dai, lo so... questa lettura ti farà venire voglia di saperne di più.

Comprendere l'Intelligenza Emotiva

Allora, l'**intelligenza emotiva** è qualcosa che ti aiuta tantissimo nella regolazione emotiva. Pensa a tutte quelle volte che ti sei sentito sopraffatto dalle **emozioni** e non sapevi come gestirle. Migliorando la tua intelligenza emotiva, puoi raggiungere un equilibrio, rimanere calmo e fronteggiare meglio le difficoltà. È un po' come avere una bussola interna che ti mostra la strada.

Ci sono quattro componenti dell'intelligenza emotiva, e ognuna di loro è incredibilmente utile se tendi a pensare troppo. Cominciamo con l'**autoconsapevolezza**. Chiediti, quanto sei consapevole delle tue emozioni? Spesso, passi così tanto tempo a preoccuparti che non riesci nemmeno a identificare chiaramente ciò che senti. Ma quando diventi più consapevole delle tue emozioni, inizi a riconoscere i segnali del tuo corpo e della tua mente. Così non ti senti più perso in un marasma di pensieri confusi.

Passiamo ora alla **gestione delle emozioni**. Essere in grado di gestire le proprie emozioni significa saperle regolare in modo efficace. Questo non vuol dire reprimere i sentimenti, ma piuttosto dar loro lo spazio giusto senza permettergli di prendere il controllo. È come se tu fossi il capitano della tua nave, navigando attraverso le tempeste emotive con fiducia.

E poi c'è l'**empatia**. Sì, anche questo gioca un ruolo! Essere empatici vuol dire comprendere e connettersi con le emozioni degli altri. È come avere una finestra nel mondo interiore degli altri, riconoscendo che non sei l'unico a dover affrontare difficoltà. Questa consapevolezza porta alla comprensione condivisa, che rende le tue sofferenze un po' più leggere.

L'ultima componente è la gestione delle **relazioni**. Non dimentichiamo quanto sia importante. Imparare a comunicare efficacemente e a costruire relazioni solide ti aiuta a non rimanere intrappolato nei tuoi pensieri incessanti. Le relazioni positive fungono da ancore che ti tengono radicato e ti offrono sostegno nei momenti di bisogno.

Passando oltre, ora che abbiamo capito l'importanza dell'intelligenza emotiva nella regolazione emotiva, parliamo di una tecnica pratica: la "ruota delle emozioni". Questo è uno strumento davvero utile per sviluppare un vocabolario emotivo più ampio e aumentare la **consapevolezza** di ciò che stai sentendo. Immagina una ruota divisa in sezioni colorate, ognuna rappresentante diverse emozioni. Più espandi il tuo vocabolario emotivo, più sarai in grado di identificare esattamente cosa provi.

Sapere esattamente se sei arrabbiato, frustrato, deluso o impaurito ti aiuta a trovare le strategie giuste per affrontare quelle emozioni. Invece di dire semplicemente "sto male," puoi approfondire e dire "sono deluso perché avevo delle aspettative". Una volta che riesci a essere specifico sulle tue emozioni, diventi anche più competente nel gestirle.

Allora, ricapitoliamo tutto. Migliorare la tua intelligenza emotiva significa diventare più consapevole delle tue emozioni, saperle gestire, comprendere quelle degli altri, e mantenere relazioni salutari. La ruota delle emozioni ti aiuta a dare un nome preciso alle tue emozioni, facilitando un approccio più diretto e concreto. Vedrai, col tempo diventerà tutto un po' più chiaro, e quella fastidiosa tendenza a **pensare troppo** comincerà a diminuire.

Riconoscere ed Etichettare le Emozioni

A volte le **emozioni** possono sembrarti un enorme uragano. Ti travolgono, incanalano tutte le tue energie e ti lasciano senza forze. Uno strumento veramente utile per ridurre questa sensazione opprimente è imparare a **identificare** e etichettare accuratamente le emozioni. Pensa a come ti senti quando riesci a dare un nome a quello che provi – è quasi come se riuscissi a guardare il problema dall'esterno piuttosto che esserne nel centro.

Imparare a riconoscere le emozioni può davvero aiutarti a gestire la loro potenza. Quando sai identificare cosa stai provando, ti senti più in **controllo**. È come se, chiamando per nome la tristezza o la rabbia, queste perdessero una parte della loro capacità di sopraffarti. Un tempo mi sentivo davvero perso quando ero arrabbiato – non sapevo nemmeno perché. Ora, prendermi quel minuto per chiedermi "Ma cosa sto provando davvero?" fa una differenza pazzesca.

Per esempio, potresti sentirti **stressato** e pensare che sia solo stress. Ma capendo meglio le tue emozioni, potresti realizzare che è ansia per quel progetto al lavoro o frustrazione perché sei rimasto imbottigliato nel traffico. Capire questo ti aiuta a gestirlo meglio.

Ora chiediamoci – cosa succede nel **cervello** quando etichettiamo le emozioni? Beh, qui la scienza ci viene in aiuto. Etichettando le emozioni attivi la corteccia prefrontale, una parte del cervello coinvolta nel ragionamento e nel controllo esecutivo. Così, se dici "Sono triste" attivi questa zona e riduci l'attività nell'amigdala, che è quella parte del cervello che risponde al pericolo e alla paura. Insomma, chiamare "triste" la tristezza fa un po' da interruttore!

Imparare a sederti con le tue emozioni, dargli un'etichetta e capire che sono parte dell'esperienza umana – questo è un passaggio fondamentale per ridurre lo stress che deriva da quelle sensazioni intense. Prova a ricordarti come ti sei sentito l'ultima volta che hai riconosciuto di esser caduto vittima dell'ansia. Riconoscere il momento è già un passo avanti.

Ora, facciamo un collegamento tra le emozioni e il **corpo**. Spesso ignoriamo come il nostro corpo reagisce alle emozioni. Una tecnica pratica per consapevolizzare le connessioni tra fisico e psicologico è il "body scan". Sai, mi sono accorto che spesso porto la tensione nelle spalle o nel collo quando sono stressato – è come se il corpo stesse urlando quello che la mente sta cercando di nascondere.

Un semplice esercizio che puoi fare ovunque è questo: siediti tranquillamente e chiudi gli occhi. Parti dai piedi e sentili davvero... poi sali piano piano e nota qualsiasi tensione o sensazione strana lungo il corpo. Spesso, rendendoti conto di dove senti fisicamente l'ansia o la rabbia può aiutarti anche a lasciarla andare. Me l'ha detto il mio medico quando mi sono trovato bloccato con contratture muscolari continue.

Sperimentare il body scan regolarmente può aiutarti non solo a identificare come e dove senti certe emozioni ma anche a ridurre questa tensione. È come prendere il controllo della tua **calma** interiore. Così facendo scopri che tutta questa consapevolezza diventa un'alleata preziosa nel viaggio verso una mente più tranquilla. Non raccomando mai il body scan a persone molto frenetiche senza un buon motivo, ha funzionato per me che non riuscivo mai a fermarmi.

Proprio così – riconoscere ed etichettare le emozioni, capire cosa accade nella tua mente, e adottare il body scan per collegare il fisico con l'emotivo sono **strategie** semplici ma potenti che puoi utilizzare nel quotidiano per ridurre lo stress emotivo. Basta un po' di pratica e volontà, e il beneficio è lì, pronto per essere sperimentato.

Espressione Emotiva Efficace

Sai che **esprimere** le emozioni in modo sano può evitare di rimuginare troppo? Beh, funziona proprio così. Quando tieni dentro tutti quei sentimenti, diventano un peso che ti porterà solo a pensieri negativi e a ruminare. Invece, se impari a **comunicare** quello che provi nel modo giusto, eviti di creare una tempesta nella tua mente. Ecco perché è importante parlare di come e quando liberare queste emozioni.

Pensa a quando ti sei sentito triste o **arrabbiato** e non hai detto nulla. Quegli episodi ti hanno forse fatto pensare e ripensare a quello che è successo. Ecco il punto: esprimere le emozioni ti dà la possibilità di tirarle fuori dalla tua testa e andare avanti. Esprimerti evita che tu diventi prigioniero dei tuoi pensieri.

Una sana espressione emotiva non è lo stesso che soffocare le emozioni. Capire la differenza tra **soppressione** e sana elaborazione emotiva è fondamentale. La soppressione è come mettere un tappo a una pentola che bolle. Le emozioni si accumulano e, prima o poi, il tappo salta. Ti ritrovi a esplodere per una sciocchezza.

Invece, quando elabori le emozioni in modo sano, permetti a te stesso di sentire e accettare ciò che provi. Questo significa non fermarsi alla rabbia o alla **tristezza**, ma viverle e poi lasciarle andare. È un po' come lasciare che la pioggia scorra senza cercare di fermarla con un ombrello bucato. Questo rende tutto molto più leggero e meno caotico nella tua testa.

E sai qual è una delle tecniche più semplici ed efficaci per una comunicazione emotiva chiara e assertiva? Gli "I-statement", o le **affermazioni** in prima persona. Questo modo di esprimerti aiuta a chiarire, senza aggredire l'altro. In pratica, invece di dire "tu mi fai arrabbiare quando...", dici "io mi sento arrabbiato quando...". Cambia completamente il tono della conversazione, vero?

Le "I-statement" fanno capire come ti senti e perché, senza accusare direttamente l'altro. È un modo molto utile per evitare di scatenare difese nell'altra persona e mantenere la **comunicazione** efficace. Metti in chiaro quello che senti, ma in un modo rispettoso che non crea barriere ma ponti. È come dire: "Voglio comunicare, non combattere".

Ora che hai capito quanto sia importante esprimere le emozioni in modo salutare e l'uso delle "I-statement", prova ad usarle nella tua vita quotidiana. Ti sentirai più leggero e noterai come anche le **relazioni** intorno a te diventeranno più serene. Allora, sei pronto a provare queste tecniche e vedere come cambiano la tua visione e i tuoi stati d'animo? Dai, provaci e te ne accorgerai subito!

La Tecnica dell'Azione Opposta

Sai quando ti senti **sopraffatto** dalle emozioni e cominci a rimuginare su tutto? Beh, c'è un trucco che puoi usare per gestire queste **emozioni** intense. Si chiama la tecnica dell'azione opposta. È sorprendente quanto possa aiutarti a calmare la mente e fermare i pensieri negativi. Quando provi un'**emozione** fortissima, puoi scegliere di comportarti in modo totalmente contrario a quella sensazione per vedere come cambia il tuo stato d'animo.

Ma perché funziona? È tutto basato sui principi della **psicologia**, in particolare sull'attivazione comportamentale. Insomma, si tratta di fare qualcosa di diverso dal solito per "ingannare" la tua mente. Quando sei triste, potresti essere tentato di chiuderti in casa e magari piangere tutto il giorno. Con la tecnica dell'azione opposta, invece, fai qualcosa che non ti verrebbe naturale in quel momento.

Immagina di sentirti **ansioso**, con il cuore che batte all'impazzata. La tua reazione naturale potrebbe essere quella di fuggire o evitare una situazione. Con l'azione opposta, invece, ti imponi di affrontare quella situazione, magari pian piano, ma certamente senza evitarla. Così, inganni in positivo il tuo cervello e puoi perfino far calare il livello di ansia.

Le basi teoriche sono semplici. Quando ti trovi in stati emotivi intensi, il tuo **comportamento** contribuisce a mantenere queste emozioni. Se ti senti impaurito e scappi, la paura diventa ancora più forte. Ma se ti comporti in maniera opposta, inizi a cambiare l'interpretazione dell'evento. Non è facile e ci vuole un po' di pratica, ma i risultati possono essere molto efficaci.

Ecco come mettere in pratica questa tecnica:

• Identifica l'emozione che stai provando. Sii onesto con te stesso.

• Chiediti quale sarebbe la tua "azione naturale" con questa emozione.

• Pensa a cosa potrebbe essere l'azione completamente opposta.

• Fai quell'azione opposta, anche se all'inizio non ti sembra naturale o confortevole.

Per esempio, se stai sperimentando un attacco di ansia, la tua reazione naturale potrebbe essere uscire dalla stanza. Invece, prova a restare e a respirare profondamente. Se ti senti triste e vuoi isolarti, la tua azione opposta potrebbe essere quella di chiamare un amico e uscire per una passeggiata. Più pratichi questa tecnica, più diventerà un'**abitudine**.

Ma non è solo per emozioni negative. Anche quando ti senti pigro, puoi usare una versione più leggera di questa tecnica. Se dopo una lunga giornata ti viene voglia solo di stare sul divano, la tua azione opposta sarebbe fare una breve passeggiata all'aria aperta.

È incredibile come queste piccole inversioni comportamentali possano avere un impatto così grande sul tuo stato d'animo. Così facendo, non solo gestisci meglio le emozioni intense, ma migliori anche il tuo benessere generale.

In conclusione, la tecnica dell'azione opposta può sembrare controintuitiva, ma funziona davvero. Prova a metterla in pratica la prossima volta che ti trovi in balia di una tempesta emotiva.

Ricorda, è solo facendo l'opposto che puoi interrompere quel circolo vizioso dei pensieri negativi

e liberarti dallo **stress**.

L'azione opposta è solo una delle tante tecniche di regolazione emotiva che puoi usare per migliorare il tuo benessere mentale. Ma il bello è che puoi iniziare subito, senza strumenti speciali o grosse preparazioni. Si tratta solo di un po' di forza di volontà e di allenamento. Provala, saranno i risultati a convincerti.

Esercizio Pratico: Kit di Strumenti per la Regolazione delle Emozioni

Allora, parliamo di come puoi fare per smettere di **rimuginare** sulle cose e davvero prendere in mano le tue **emozioni**. Ti guiderò attraverso il tuo kit di strumenti per la regolazione delle emozioni. Sarà come avere una cassetta degli attrezzi, ma per la tua mente.

Per iniziare, fai una lista delle tue emozioni intense più frequenti. Pensa ai momenti in cui ti senti sopraffatto, troppo felice o troppo triste. Quali **emozioni** provi più spesso? Rabbia, ansia, tristezza? Scrivile tutte su un foglio. Vedere queste emozioni nero su bianco può essere già un grande passo in avanti. Ti rende più **consapevole** di ciò che senti regolarmente. E quando sei consapevole, hai il controllo.

Ok, abbiamo la lista delle emozioni. Ora, passiamo al prossimo step: trovare una tecnica di **radicamento** fisico per ogni emozione.

Immagina di essere in ballo con l'ansia. Può essere terribile e avere il cuore che batte all'impazzata. Per l'ansia, prova con tecniche di **respirazione** profonda. Prendi un bel respiro, trattienilo per alcuni secondi e poi espira lentamente. Fare attenzione alla respirazione può aiutarti a ritrovare il tuo equilibrio. Ripetilo finché non senti che l'ansia si sta calmando un po'. Per la tristezza, potresti trovare utile uscire per una passeggiata o sentire il contatto col suolo sotto i piedi.

Questo ci porta al prossimo passo, sviluppare affermazioni di auto-incoraggiamento positive. Per ogni emozione della tua lista, pensa a qualcosa di positivo da dirti. Per l'ansia? Potresti dire: "Posso affrontare qualsiasi cosa venga verso di me". Per la rabbia: "Sono una persona calma e pacifica". Non devono essere frasi elaborate; solo piccoli ricordi positivi che possono aiutarti a ribaltare l'umore.

Ora, passiamo alla scelta di un metodo di **espressione** sano per ogni emozione. Scrivere un diario è ottimo per la tristezza o il dolore.

Buttare giù i tuoi pensieri su carta ti aiuta a dare un senso a ciò che stai provando. Se sei arrabbiato, prova a fare esercizio fisico – correre o fare palestra può aiutare a scaricare quella tensione. Ancora una volta, trova ciò che funziona per te e rendilo una pratica regolare.

Ma ecco come andare anche oltre: identificare un'azione opposta per ogni emozione. Ti senti triste e isolato? Ok, fai uno sforzo e chiama un amico, o esci per socializzare. Quando ti senti irritato, magari siediti e rilassati con un po' di meditazione o ascolta della musica tranquilla. Agisci in contrasto con l'emozione ingombrante e osserva come cambia la tua percezione.

Adesso, arriva una cosa molto importante: pratica l'uso del tuo kit ogni giorno. Tieni traccia di quali tecniche funzionano meglio e in che situazioni. Registrare tutto in un diario può essere utile per capire meglio il tuo comportamento e l'efficacia delle tecniche. Magari all'inizio sembra pesante, ma allenarsi di continuo renderà questi strumenti un'abitudine.

E infine, rivedi e affina il tuo kit settimanalmente basandoti sulle tue **esperienze**. Ogni settimana, rifletti e considera cosa ha funzionato meglio e cosa no. Puoi aggiungere nuove tecniche o modificare quelle esistenti. Con il tempo, il tuo kit di strumenti sarà su misura per aiutarti a gestire tutte le emozioni con cui ti trovi a fare i conti.

In Conclusione

In questa parte, abbiamo esplorato importanti **strategie** per gestire le emozioni in modo efficace. Alla base di tutto questo, c'è l'idea che la gestione corretta delle nostre **emozioni** possa aiutarti a superare il pensiero negativo e migliorare la tua salute mentale.

In questo capitolo hai visto l'importanza dell'**intelligenza emotiva** nel gestire le emozioni. Hai scoperto i componenti chiave dell'intelligenza emotiva e come influenzano il pensiero e il comportamento. Hai imparato a usare la "**ruota delle emozioni**" per riconoscere e nominare le emozioni con più precisione. Hai capito la differenza tra **espressione** sana delle emozioni e soppressione emotiva. Infine, hai esplorato la tecnica dell'azione opposta come strumento per gestire emozioni intense.

Ora è il momento di mettere in pratica tutto ciò che hai imparato in questo capitolo. Con una **consapevolezza** maggiore delle tue emozioni e delle strategie per gestirle, puoi vivere una vita più serena e soddisfacente.

Prova a mettere in pratica queste **tecniche** e osserva come cambia il tuo modo di affrontare le sfide quotidiane. Ti accorgerai ben presto di avere un maggiore **controllo** sulle tue emozioni e un atteggiamento più positivo verso la vita. Non è mai troppo presto per cominciare!

Capitolo 8: Gestione del tempo per chi pensa troppo

Ti sei mai sentito come se la tua **mente** fosse una giungla impenetrabile? Ci sono passato anch'io, e capisco quanto possa essere **frustrante** gestire il tempo quando ogni pensiero si espande come rami ovunque. In questo capitolo, ti insegnerò **tecniche** pratiche per domare la tua mente e rendere ogni minuto più **produttivo**.

Hai mai sognato di prendere il **controllo** del tuo caotico calendario settimanale? Beh, la buona notizia è che si può fare. Useremo metodi che rendono la **gestione** del tempo un gioco divertente e meno stressante. Dai piccoli trucchi per dare priorità alle attività alle tecniche di blocco del tempo che semplificano tutto.

Parleremo anche di metodi classici, come il famoso Metodo Eisenhower, e concluderemo con un **esercizio** pratico per sviluppare un piano di produttività personale. Fidati, migliorare la gestione del tuo tempo può cambiare tutto. Sei pronto a scoprire come **ottimizzare** le tue giornate? Allora, cominciamo!

Tecniche di Prioritizzazione

Parliamo di come una buona **prioritizzazione** può fare una grande differenza nelle tue decisioni quotidiane. Se rimugini su ogni scelta, finisci col sentirti sopraffatto, giusto? Decidere ogni dettaglio assorbe tante energie... che alla fine ti senti esausto senza aver concluso molto. È qui che entra in gioco una buona **gestione** delle priorità. Quando metti in ordine le cose da fare, tutto diventa più chiaro e la fatica decisionale va scemando. E non t'incasini più con mille decisioni inutili da prendere ogni giorno.

Immagina di avere una lista infinita di cose da fare; non sapere da dove cominciare crea solo **stress**, vero? Invece, avere chiaro priorità semplifica tutto. Se sai cosa è davvero urgente, il resto passa in secondo piano. Questo riduce il disordine mentale... e il cervello si rilassa un po'. Niente più mal di testa al pensiero di aver dimenticato qualcosa di importante. Tutto più in ordine, niente più pensieri confusi.

Passiamo ad una tecnica pratica che è utilissima per chi, come me e te, tende a pensare troppo: la Matrice di **Eisenhower**. Quest'idea divide le tue attività in quattro categorie – in base all'urgenza e importanza. Un modo semplice per gestire meglio il **tempo**. E credimi, è facile da usare.

Sai come funziona? Facciamo un esempio. Prendi un foglio e disegna una grande croce, separando il foglio in quattro **quadranti**. Nel primo quadrante metti ciò che è importante e urgente: queste sono cose da fare subito, senza pensarci troppo. Nel secondo quadrante metti ciò che è importante ma non urgente: attività da programmare, magari studiare per un esame con tranquillità. Nel terzo quadrante trovi le cose urgenti ma non importanti: ad esempio rispondere a certe email... perditempo rotante. Queste puoi delegarle ad altri, se puoi. E, nel quarto quadrante, metti ciò che non è né importante né urgente: tipo, scrollare sui social... cose da evitare il più possibile, per non sprecare tempo.

Passare da una lista caotica a una divisa in quadranti ti aiuta a vedere le cose chiaramente. **Decidere** diventa meno faticoso – e tu più produttivo. Prova e vedrai che anche lo stress pian piano va a sparire. Facci sapere come va.

All'inizio potrebbe sembrare complicato, dopo ripensare cosa sia importante e cosa no... Ma con la pratica diventerà naturale. Avere chiare **priorità** non solo ti fa risparmiare tempo, ma ti dà pure un senso di controllo. Ed un po' di sicurezza in più, non fa male a nessuno, no?

La Tecnica del Pomodoro

Se ti senti sommerso dai pensieri e fatichi a **concentrarti**, la Tecnica del Pomodoro può essere la tua salvezza. Questo metodo di **gestione** del tempo, con i suoi intervalli di lavoro strutturati, ti permette di migliorare la concentrazione e ridurre il rimuginare. Immagina che ogni "pomodoro," o intervallo di lavoro, sia come un blocco di tempo dedicato esclusivamente a un'attività. Ti focalizzi solo su quello, senza distrazioni. Poi pausa, e via con il prossimo pomodoro. Semplice ma efficace, vero?

Vediamo i dettagli. Con la Tecnica del Pomodoro lavori per 25 minuti, profondamente concentrato. Niente cellulare, niente social media, niente. Solo tu e il tuo **lavoro**. Dopo 25 minuti, ti concedi una breve pausa di 5 minuti. L'alternarsi di lavoro e pausa ti dà struttura e ti mantiene motivato. Fare almeno 4 pomodori prima di una pausa più lunga di 15-30 minuti può davvero cambiare il modo in cui affronti le attività quotidiane e ridurre quel pesante senso del pensare troppo.

Ma non parliamo solo di lavoro. Anche le **pause** sono cruciali. Concedersi delle pause frequenti è come dare al cervello una boccata d'aria fresca. Ti aiuta a mantenere la lucidità mentale e a ridurre l'ansia. Durante la pausa, ti alzi, ti stiracchi un po', bevi un bicchiere d'acqua, oppure fai due passi. Sembra poca roba, vero? Però è esattamente quello che ti serve per ricaricarti e tornare al lavoro più fresco e concentrato.

Passiamo ai benefici di queste pause. Non solo ti fanno sentire meno stressato, ma ti rendono anche più **produttivo** a lungo termine. È come se la tua mente avesse bisogno di piccoli reset per funzionare al meglio. Pensa sempre di dover fare il pieno alla tua auto—non puoi guidare senza! Così è per il tuo cervello.

Allora, come fai a iniziare con la Tecnica del Pomodoro? Facile. Prendi un **timer** o scarica un'app dedicata. Scegli un'attività specifica, imposta il timer per 25 minuti e inizia a lavorare. Quando il timer suona, fermati e prenditi una pausa di 5 minuti. Ripeti per altri tre cicli, poi fatti una pausa più lunga. Semplice, no?

Ecco i passi da seguire:

• Scegli un'**attività**. Potrebbe essere pulire casa, studiare per un esame o completare un progetto al lavoro. Poco importa quale sia, la chiave è l'attenzione esclusiva per 25 minuti.

• Imposta il timer. Un comune timer da cucina va benissimo, ma ci sono anche tante app che possono aiutarti. Azionalo e comincia a lavorare. Niente distrazioni.

• Fai una pausa. Quando il timer suona, prenditi una pausa breve. Muoviti un po', respira profondamente o fai uno spuntino veloce. È il momento di staccare la mente.

• Ripeti. Continua per altri tre cicli e poi fatti una pausa più lunga. L'obiettivo è mantenere un **ritmo** che ti sembri naturale e ti permetta di rimanere concentrato senza sentirti esausto.

Con un po' di pratica, la Tecnica del Pomodoro può trasformare il tuo modo di lavorare e pensare. Ti fa sentire meno sopraffatto e più in controllo del tuo **tempo**. Che, alla fine, è quello di cui abbiamo tutti bisogno, soprattutto quando la testa va a mille.

Strategie di Time Blocking

Sai com'è quando hai ventimila cose da fare e non sai da dove iniziare? È uno **stress** pazzesco, vero? Ecco dove entra in gioco il time blocking. Questa **tecnica** ti permette di creare un senso di controllo, di mettere ogni attività al suo posto. Fissando dei blocchi di tempo per le varie attività, tagli fuori il caos e ti togli di mezzo lo stress decisionale. Immagina di avere una mappa per la tua giornata. Sai sempre cosa fare e quando farlo. Non devi più decidere continuamente cosa fare dopo, risparmi energia mentale, e via lo stress.

Un esempio pratico? Ogni mattina prenditi un quarto d'ora per pianificare la tua **giornata**. Dividi il tempo in blocchi di un'ora o mezz'ora, assegnando ogni blocco a una specifica attività. Magari un blocco per le email, uno per lavorare su quel progetto importante, uno per le riunioni, e così via. Alla fine della giornata, rileggerai la tua lista e vedrai quante cose hai portato a termine. Quel senso di controllo fa bene all'anima, fidati.

Hai mai sentito parlare di "**deep work**"? In poche parole, è quello stato in cui sei talmente concentrato su ciò che stai facendo da non accorgerti del tempo che passa. Nessuna distrazione, niente pensieri che volano da una cosa all'altra. Solo tu e il tuo lavoro. Ed è qui che il time blocking brilla davvero. Mettendo da parte blocchi di tempo specifici per il deep work, minimizzi le opportunità di eccessivo pensiero e di distrazioni inutili.

Pensa a come ti senti quando inizi a fare deep work. È quasi come se ti immergessi in un'altra dimensione, vero? Il tempo sembra fermarsi e tutto fluisce. In quei momenti, l'eccessivo pensiero non ha spazio. Sei del tutto immerso nel qui e ora. E la cosa bella è che il time blocking ti permette di creare queste finestre di tempo concentrate nella tua giornata. Basta isolarti, spegnere le notifiche, e mettere un "non disturbare" sulla porta—virtuale o reale che sia.

Una **tecnica** efficace di time blocking consiste nel programmare in anticipo la tua giornata. Ma come si fa precisamente? Non è complicato, fidati. Prendi un'agenda o usa un'app per calendario. La sera prima, ritagliati quindici minuti per pianificare il giorno seguente. Inizia mettendo i blocchi più grossi, come le riunioni o i momenti per il deep work, e inserisci le attività meno critiche negli spazi vuoti.

Ad esempio, puoi mettere un'ora di deep work la mattina presto, quando hai la mente più fresca. Poi magari un'ora per rispondere alle email, seguita da un'altra ora di deep work. Nel pomeriggio, lascia un paio di blocchi di tempo per le chiamate o altre attività più leggere. E non dimenticare di prenderti qualche pausa qua e là—anche solo cinque minuti ogni ora possono fare miracoli per la tua **concentrazione**.

Quindi, vediamo come tutto si collega. Il time blocking ti dà il controllo sulla tua giornata riducendo lo **stress** decisionale. E, allocando blocchi di tempo per il deep work, limiti le occasioni per pensieri inutili e puoi concentrarti meglio. Infine, pianificando la tua giornata in anticipo, puoi strutturare il tuo tempo in maniera logica e produttiva, trovando un **equilibrio** tra le varie attività senza sentirti sopraffatto.

Il Metodo di Eisenhower

Ma quanto è **frustrante** quando ti perdi a pensare troppo? Un modo per sconfiggere questo problema è imparare a distinguere tra compiti urgenti e importanti. Sì, sembra semplice, ma quante volte li confondi e finisci per preoccuparti inutilmente? Quando dai la **priorità** a ciò che davvero conta, la tua mente si calma.

Vediamo come funziona. Il Metodo di Eisenhower divide le tue attività in quattro quadranti, aiutandoti a contestualizzare le tue priorità. Questo metodo si basa proprio sul concetto di semplici categorie che possono fare una grossa differenza nel modo in cui gestisci il tuo tempo.

Allora, cominciamo con i quadranti. Sono un po' come le caselle organizzative che ti aiutano a capire dove mettere ognuno dei tuoi compiti quotidiani. Come un grande contenitore-cerotto che guarirà il tuo **tempo**!

• Quadrante 1: questo è per i compiti urgenti e importanti. Tipo quando la casa è in fiamme. Devi spegnerla adesso, non domani... ovviamente!

• Quadrante 2: qui ci metti i compiti importanti ma non urgenti. Come mangiare sano o fare esercizio. Magari oggi non succede nulla se salti una corsa, ma a lungo andare te ne **pentirai**!

• Quadrante 3: qui trovi i compiti urgenti ma non importanti. Montagne di e-mail del lavoro? Rispondi, ma cerca di usare la tua energia per il Quadrante 1 e 2.

• Quadrante 4: i compiti che non sono né urgenti né importanti. Maratona di Netflix non stop? Probabilmente puoi farne a meno, o almeno limitarla.

Ora che hai chiaro come dividere i compiti, come si applica questo metodo nella vita di tutti i giorni? Non è così complicato. Basta prendere una lista delle cose da fare e iniziare a catalogarle secondo i quadranti di Eisenhower. E questo è fantastico per iniziare ad allenare la mente a non **strapazzarsi** troppo con pensieri inutili.

Per esempio, ogni mattina – con una buona tazza di caffè per darti la carica – è utile valutare quali compiti rientrano nel Quadrante 1 e quindi da affrontare prima... e quali nel Quadrante 2 su cui lavorare un po' ogni giorno.

Ma poi? Una volta fatto questo, ti accorgerai che tante cose che sembrano urgenti a primo impatto finiscono nel Quadrante 3. E sarebbe bene imparare a **delegare** o eliminare questi compiti.

Senti come diventa liberatorio? Facendo questa semplice operazione, inizi a ridurre l'ansia perché hai stabilito delle priorità chiare. Così puoi affrontare ogni giorno con un'idea più chiara su dove dedicare la tua **energia**.

In conclusione, il Metodo di Eisenhower è molto di più di una semplice tecnica organizzativa. È un modo per capire rapidamente come organizzare le tue attività e **migliorare** la tua produttività. Una piccola abitudine che può portare a un grande cambiamento.

Esercizio Pratico: Piano di Produttività Personale

Cominciamo con il primo passo: fai una **lista** di tutti i tuoi compiti e responsabilità per la settimana in arrivo. Siediti con un foglio di carta o un'app di note e scrivi ogni cosa che sai già di dover fare. Può sembrare semplice, ma è davvero fondamentale. Le liste ci aiutano a visualizzare tutto ciò che c'è da fare e prevengono l'ansia da dimenticanza. Se hai in mente compiti sparsi tra lavoro, casa, e svaghi... bene, mettili giù tutti, senza eccezioni.

Una volta che hai la tua lista, passiamo al secondo passo: classifica ogni compito usando la **Matrice di Eisenhower**. Questa matrice è uno strumento potente che ti aiuta a distinguere tra ciò che è urgente e ciò che è importante. Disegna una griglia suddivisa in quattro quadranti. Il quadrante in alto a sinistra è per le cose sia urgenti che importanti, in alto a destra per le importanti ma non urgenti, in basso a sinistra per le urgenti ma non importanti, e in basso a destra per le né urgenti né importanti. Metti i tuoi compiti in ognuno di questi quadranti. Ti sorprenderà quanto aiuta a chiarire le priorità.

Adesso che hai tutto ordinato nella matrice, è il turno del terzo passo: crea un **programma** settimanale bloccato nel tempo, assegnando orari specifici per ogni categoria di compito. Prendi un calendario settimanale e inizia ad assegnare blocchi di tempo specifici per le diverse categorie di attività che hai definito nella matrice. Sii realista sul tempo che ogni attività richiederà. Questo aiuta a evitare sovraccarichi e ti permette di essere presente e concentrato su ogni task.

Insomma, organizzare così i tuoi impegni settimanali dovrà essere seguito da un metodo efficace di lavoro concentrato, ed ecco che arriva il passo quattro: applica la **Tecnica del Pomodoro** per sessioni di lavoro. Questa tecnica implica lavorare per 25 minuti senza distrazioni, seguiti da una pausa di 5 minuti. Ripeti questo ciclo quattro volte, poi fai una pausa più lunga di 15-30 minuti. È utile per mantenere alta la concentrazione e prevenire il burnout da lavoro prolungato.

Passiamo ora al passo cinque: alla fine di ogni giorno, rivedi i tuoi **progressi** e, se necessario, aggiusta il tuo piano. Prendi qualche minuto ogni sera per valutare cosa hai realizzato e cosa no. Questo non serve solo a monitorare i tuoi progressi, ma anche a migliorare la tua strategia per i giorni successivi. A volte scoprirai che certe attività richiedono più tempo del previsto o che nuovi impegni emergono. Essere flessibile e adattare il tuo piano è cruciale per mantenere una buona organizzazione.

Poi, arriva un momento riflessivo, il passo sei: rifletti su quali **strategie** sono state più efficaci nel ridurre il rimuginare. Pensa a cosa ha funzionato meglio per te. Quali tecniche ti hanno aiutato a essere più produttivo e meno soggetto a pensieri ossessivi? Forse è stata la lista, o la matrice di Eisenhower, o magari le pause regolari della Tecnica del Pomodoro. Capire cosa funziona ti permette di focalizzarti su quelle tecniche e migliorarti continuamente.

Infine, il passo sette: affina il tuo piano di **produttività** personale basandoti sulla tua esperienza settimanale. Usa tutto quello che hai imparato sulla tua gestione del tempo e sui tuoi processi mentali per migliorare il modo in cui affronti le tue settimane future. È un processo continuo di apprendimento e miglioramento, con l'obiettivo di diventare sempre più abile nel gestire i tuoi compiti senza lasciarti andare ai pensieri ripetitivi.

Seguendo questi sette passi, non solo sarai più produttivo, ma imparerai anche a mitigare quegli schemi di **pensiero** ossessivi... uno dei più grandi ostacoli per un overthinker che cerca la tranquillità.

In Conclusione

Abbiamo approfondito come **gestire** il tempo in modo efficiente per ridurre il pensiero eccessivo e lo **stress**. Seguendo le tecniche discusse in questo capitolo, puoi migliorare la tua **produttività** e mantenere una mente chiara. Ecco un riassunto dei concetti principali che abbiamo visto:

L'**importanza** della priorità: Capire quanto sia efficace stabilire priorità ti aiuta a ridurre la fatica da decisione e il pensiero eccessivo.

Le matrici di Eisenhower: Una tecnica per **classificare** i compiti in base all'importanza e all'urgenza.

La tecnica del Pomodoro: L'utilità di lavorare a intervalli strutturati per migliorare la **concentrazione** e ridurre il pensiero eccessivo.

Le strategie di Time Blocking: Come bloccare parti della tua giornata ti aiuta a creare una sensazione di **controllo** e ridurre lo stress decisionale.

Il piano di produttività personale: Una serie di passaggi pratici per **organizzare** le tue attività settimanali con una pianificazione efficace utilizzando le tecniche apprese.

Mettendo in pratica queste tecniche, puoi fare un grande passo verso una migliore gestione del tempo e una riduzione del pensiero eccessivo. Dai, metti in pratica ciò che hai imparato e vedrai i **benefici** per la tua mente e il tuo benessere generale. Ora tocca a te:

organizza il tuo tempo e raggiungi i tuoi **obiettivi** con meno stress e più serenità!

Capitolo 9: Tecniche di Riduzione dello Stress

Ti sei mai chiesto come sarebbe vivere senza quel peso incessante dello stress? Io l'ho fatto. È per questo che ho deciso di scrivere questo capitolo. Vuoi sentirti più **rilassato**? Sei nel posto giusto. Questo capitolo è pensato per trasformarti, aiutandoti a eliminare quel nodo che senti nel petto.

Immaginati in una **giornata** normale, magari già al limite di tutto quello che puoi sopportare. E ora, immagina di avere **strumenti** concreti per interrompere quel ciclo negativo. Parlo di **esercizi** semplici e veloci che puoi fare ovunque, anche durante una pausa caffè.

Quando si tratta di tecniche come il **rilassamento** progressivo o la respirazione diaframmatica, ci si rende conto che alla fine sono utili e pratiche. Non serve altro. Solo poche mosse strategiche per sentire la **differenza** ogni giorno.

Quindi, preparati. Una grande **avventura** ti aspetta, e stai per scoprire cosa potresti ottenere con pochi cambiamenti nella tua routine quotidiana.

Rilassamento Muscolare Progressivo

Il **rilassamento** fisico può darti una grande mano a trovare la calma mentale e, così, ridurre quei pensieri eccessivi che ti stressano tanto. Quando il corpo si rilassa, anche la mente sembra seguire l'esempio. È come spegnere tutti i rumori di fondo nel cervello, rimane solo il silenzio. Senti la differenza subito. È abbastanza interessante come il nostro corpo e la nostra mente siano collegati.

Quando il corpo è teso, anche la mente tende a esserlo. **Muscoli** rigidi causano stress mentale, e stress mentale causa muscoli rigidi. È un circolo vizioso. Ecco perché è importante rilassare i muscoli per alleviare lo stress mentale. Immagina di avere un nodo allo stomaco o le spalle sollevate fino quasi alle orecchie – tutti quei segni fisici di tensione influenzano la mente.

Uno dei metodi migliori per rilassare i muscoli è il **Rilassamento** Muscolare Progressivo, o PMR. PMR è semplice ma efficace. Ti guida a rilassare i muscoli uno per uno, fino a sentirti davvero rilassato. Sembra complesso, ma non lo è. Ecco come si fa:

Trova un luogo tranquillo e siediti oppure stenditi comodo. Inizia respirando profondamente e lentamente per qualche minuto. Ora, focalizzati sui tuoi piedi. Contrai i muscoli dei piedi quanto puoi per 5-10 secondi. Poi rilascia e rilassa. Senti la differenza? Passa poi ai polpacci. Contraili il più possibile, tieni e poi rilassati completamente. Continua a salire lungo il corpo: cosce, glutei, addome, torace, spalle, braccia e infine il collo e il viso. Ogni volta, contrai, tieni e poi rilascia.

Dopo che avrai rilassato ogni parte del corpo, prenditi qualche minuto per goderti quel profondo senso di **rilassamento**. Chiudendo gli occhi, immagina il tuo corpo come un sacco di sabbia che diventa sempre più leggero. È così calmante.

PMR aiuta molto perché ti insegna a riconoscere la differenza tra i muscoli tesi e rilassati. Più lo fai, più velocemente ti accorgerai quando sei teso durante il giorno. Puoi anche rilassarti in situazioni stressanti, senza dover passare tutto il ciclo – basta rilasciare la tensione nei punti che senti rigidi.

Per far funzionare bene il PMR, è meglio praticarlo regolarmente. Rendilo parte della tua routine quotidiana. All'inizio potrebbe sembrare strano o inutile, ma con il tempo noterai la differenza. In effetti, sarà strano NON praticarlo!

Rilassare i muscoli non serve solo a calmare la mente. Fa bene anche al tuo **corpo**. Migliora la circolazione sanguigna, diminuendo la pressione e favorendo il sonno. Puoi dormire meglio, che è fondamentale per ridurre lo **stress** e liberarti dei pensieri negativi. Chi non vorrebbe un sonno più profondo e rigenerante?

Così, rilassarsi è davvero una doppia vittoria: calma la **mente** e aiuta il corpo. Provaci, porta più rilassamento nella tua vita quotidiana e vedi la differenza da te. Poi fammi sapere: senti anche tu che, una volta rilassato il corpo, anche la mente si rilassa?

Esercizi di Respirazione Diaframmatica

Senti spesso l'**ansia** schiacciare sulla tua mente? Beh, la respirazione controllata può essere la soluzione per ridurre rapidamente questi momenti di panico. Chiudi gli occhi e prova a **respirare** lentamente e profondamente. Inspira. Espira. Ripeti. È incredibile come la mente inizi a schiarirsi e i pensieri si calmino.

Quando respiri profondamente, il tuo corpo avverte subito una sensazione di calma. Immagina l'**ossigeno** che entra lentamente nei polmoni. Fai uscire la tensione mentre espiri. Non è solo una sensazione. C'è scienza dietro.

Infatti, la respirazione profonda influisce direttamente sul sistema nervoso. Il **diaframma**, quel muscolo sotto i polmoni, gioca un ruolo cruciale. Quando respiri profondamente, il tuo corpo attiva il sistema nervoso parasimpatico. È come un interruttore che passa dalla modalità "lotta o fuga" a "riposa e digerisci". Il battito cardiaco si abbassa. I muscoli si rilassano. I livelli di **cortisolo**, l'ormone dello stress, diminuiscono. Presto, ti senti molto più calmo.

Passare dalla teoria alla pratica non è complicato. Ti parlo della tecnica di respirazione "4-7-8". Funziona davvero per ridurre lo **stress** velocemente. Forse all'inizio suona un po' strano, ma fidati, è semplice. In pratica, prendi quattro secondi per inspirare attraverso il naso. Tieni il respiro per sette secondi. Infine, espira lentamente per otto secondi attraverso la bocca. Questo ciclo aiuta a bilanciare il respiro e a calmare i nervi.

Espira per più tempo di quanto hai inspirato e trattenuto il respiro. Questo rallentamento del respiro invia un segnale potente al tuo cervello: "Va tutto bene". Prova ora. Inspira per quattro. Tieni per sette. Espira per otto. Continua per alcuni cicli. Sentirai un'ondata di **tranquillità** dentro di te.

Quando hai una giornata difficile, prenditi una pausa e pratica questa tecnica. Basta pochissimo tempo per sentirti meglio. Hai avuto una lunga giornata al lavoro? Prenditi qualche minuto, siediti comodo. Cuore che batte veloce? Cerca questi secondi magici. Inspira... trattienilo... espira... Ottimo lavoro! Respira, vivi e rilassati.

Detto tutto questo, penso sia chiaro. La respirazione diaframmatica non richiede troppe energie, ma dona moltissimo in termini di **rilassamento** e chiarezza mentale. Ah, un bel respiro... Non c'è niente come riscoprire una sana respirazione per riacquisire il controllo del proprio corpo e mente.

Allenamento Autogeno

Sai quella sensazione di completo **relax** che provi magari dopo una calda giornata passata al mare? Quella profonda calma che sembra sciogliere tutte le preoccupazioni... Beh, l'allenamento autogeno lo fa, ma senza bisogno del sole e della sabbia. Questo **metodo**, introdotto dal dottor Johannes Heinrich Schultz negli anni '30, ti guida verso uno stato di rilassamento e chiarezza mentale utilizzando il potere dell'auto-suggestione. In poche parole, si tratta di allenarti a rilassarti con comandi semplici e ripetuti. È come insegnare al tuo corpo e alla tua mente a premere il tasto "pausa". Ora lascia che ti spieghi i principi base.

Il cuore dell'allenamento autogeno è l'**auto-suggestione**. Pensa a questo concetto come un chiacchiericcio interiore carico di messaggi positivi. Impari a ripetere frasi che inducono calma e relax, come se ti dicessi: "Sono tranquillo" oppure "Il mio braccio è pesante e caldo". La chiave sta nella ripetizione, nell'**immaginazione** e, cosa più importante, nella convinzione. Ecco come funziona: quando ripeti costantemente queste frasi, inizi a crederci - il che è fantastico! E una volta che credi davvero in queste auto-suggestioni, il tuo corpo comincia a rispondere rilassandosi per davvero. Semplice, ma potente.

Ora, come si fa praticamente? Ti insegnerò uno script base di allenamento autogeno per rilassarti comodamente ogni volta che ne hai bisogno. Trova un posto tranquillo e comodo dove puoi sdraiarti o sedere. Chiudi gli occhi. Inizia a respirare lentamente e profondamente, concentrati solo sul tuo respiro. Ripeti mentalmente queste frasi, concentrandoti su una parte del corpo alla volta:

• "Il mio braccio destro è pesante" (ripeti 6 volte).

• "Il mio braccio destro è caldo" (ripeti 6 volte).

• "Il mio cuore batte tranquillamente" (ripeti 6 volte).

Continua così per ogni arto e parte del corpo, come un rituale che porta tranquillità ovunque.

Passiamo in modo naturale alla connessione tra l'auto-suggestione e il ridurre lo **stress**. Quando sei in grado di controllare la tua risposta corporea allo stress attraverso queste tecniche, inizia un cambiamento interessante nella tua mente. Invece di lasciare che lo stress ti guidi, sei tu a guidarlo. C'è qualcosa di magico nell'affrontare un momento stressante sapendo di avere lo strumento per calmarlo. Immagina di essere in mezzo a una riunione stressante e di poter, in pochi secondi, ripetere una frase dell'allenamento autogeno nella tua mente e sentire questo stress che piano piano si dissolve. È come avere un superpotere.

Non solo, ma ridurre lo stress porta automaticamente a ridurre i **pensieri** eccessivi. Pensa a questo: più sei calmo, meno pensieri ti affolleranno la testa. Quei momenti la sera, sdraiato a letto, con la mente che corre centomila chilometri all'ora - con l'allenamento autogeno, riesci a fermarne la corsa. Entri in uno stato di calma e chiarezza mentale quasi istantaneamente.

Ora, se unisci tutto ciò, vedrai come l'allenamento autogeno crea una sorta di circolo virtuoso. L'auto-suggestione non solo ti rilassa, ma prepara la tua mente per affrontare meglio lo stress futuro. Ogni volta che pratichi, rafforzi questa abitudine mentale. Pianificazione mentale che facilita giorni più luminosi, menti più calme e notti più riposanti. L'effetto cumulativo è incredibile. Faciliti il rilassamento oggi per annullare il caos mentale domani. E a chi non piacerebbe?

In sintesi, l'allenamento autogeno è un metodo fantastico per raggiungere uno stato di rilassamento profondo. Utilizzando principi semplici di auto-suggestione, questo strumento ti offre una via d'uscita naturale e potente. Quindi, investi qualche minuto ogni giorno. Trova il tuo posto tranquillo, chiudi gli occhi, inizia a ripetere e lascia che la **magia** accada. Questo piccolo impegno ti restituisce tanto in cambio - meno stress, mente più chiara e una vita più serena.

Le 4 A della Gestione dello Stress

Parliamo del framework delle 4 A e di come può offrirti un metodo strutturato per affrontare gli **stressor**. Questo approccio ti permette di prendere decisioni più consapevoli e gestire lo stress in modo più efficace.

Evitare

Cominciamo con **Evitare**: può sembrare banale, ma è spesso trascurato. Evitare a volte significa semplicemente delegare compiti che sai ti rendono ansioso o ridurre al minimo il contatto con persone o situazioni che ti causano stress. Per esempio, potresti non partecipare a riunioni che non ti riguardano direttamente o evitare di fare troppi impegni in un solo giorno.

Ti è mai capitato di sentirti sovraccaricato e stressato perché continui a dire sì a tutto? Evitare vuol dire imparare a dire no, gestendo meglio il tuo tempo e le tue energie. Pensaci: quanti problemi potresti evitare semplicemente non accettandoli in partenza?

Modificare

Passiamo a **Modificare**. Questo punto ti aiuta a cambiare ciò che ti circonda per ridurre lo stress. Ad esempio, potresti modificare l'ambiente lavorativo per renderlo più confortevole o dialogare apertamente per migliorare una relazione.

Immagina una situazione lavorativa: hai un collega che tende a disturbarti spesso. Parlare con lui e stabilire dei limiti può portare a un ambiente più sereno. Ma non si tratta solo di limiti fisici, può essere anche chiedere di cambiare alcune procedure lavorative per essere più efficiente e meno stressato.

Adattare

Arriviamo adesso all'idea di **Adattare**, che implica aggiustare il tuo approccio e atteggiamento di fronte a situazioni stressanti. Adattarsi può significare praticare nuove tecniche di gestione del tempo, o cambiare la tua prospettiva su determinati problemi. Spesso, adottare un approccio più flessibile ti permette di fronteggiare meglio le difficoltà.

Prendi il traffico mattutino, ad esempio: è una situazione fuori dal tuo controllo che ti provoca stress. Adattarti potrebbe significare ascoltare un podcast interessante o della musica rilassante per trasformare quel tempo in un momento positivo.

Accettare

Infine, **Accettare**. Accettare situazioni che non puoi cambiare comporta una maturità emotiva. Capire che ci sono stressor con cui devi imparare a convivere può aiutarti a trovare una pace interiore. Praticare tecniche di mindfulness o meditazione per fare pace con le cose che non puoi cambiare è essenziale qui.

Nell'accettazione, c'è forza. Non significa arrendersi, ma piuttosto riconoscere e fare la pace con elementi della tua vita che, al momento, non possono essere modificati. Prova a immaginare un problema di salute cronico: accettarlo e gestirlo con serenità può sollevare un peso enorme dalla tua mente e portare una maggiore tranquillità.

Le 4 A, quindi, non sono solo un metodo, ma una **struttura** che ti guida verso una gestione dello stress più consapevole e mirata. Applicando queste strategie a diverse situazioni stressanti, sei in grado di prendere il **controllo** del tuo benessere mentale. Quindi, perché non provare? Dipende da te.

Esercizio pratico: Routine quotidiana per alleviare lo stress

Spesso ti trovi sommerso da una montagna di **stress** e pressioni quotidiane. Ma esiste una routine semplice che puoi seguire ogni giorno per ridurre significativamente l'ansia. Cominciamo subito con questi passaggi facili da seguire.

Iniziamo con un esercizio fondamentale: la **respirazione** diaframmatica. Trova un posto tranquillo. Siediti comodo o sdraiati. Chiudi gli occhi, metti una mano sulla pancia e una sul petto. Respira lentamente e profondamente dal naso. Sentirai la tua pancia sollevarsi mentre il petto rimane fermo. Questo tipo di respirazione aiuta a rilassare il corpo e la mente.

Passiamo ora a fare una rapida **scansione** del corpo per identificare le aree di tensione. Concentrati sulle diverse parti del corpo, partendo dai piedi e salendo piano piano. Quando percepisci un'area di tensione, prova a rilassarla intenzionalmente. Non ci vuole molto tempo, ma è molto efficace. Sentirai una sensazione di leggerezza man mano che allenti ogni nodo di tensione.

Ora, collegandoci alla rilassatezza acquisita con la scansione del corpo, è ora di praticare il **Rilassamento** Muscolare Progressivo. Ci vorranno circa 10 minuti. Stringi e rilassa diversi gruppi muscolari. Inizia con i piedi, poi le gambe, il tronco, le spalle, le braccia e infine il viso. Contrai questi muscoli per qualche secondo e poi rilassa. Questa tecnica aiuta a liberare efficacemente l'energia nervosa accumulata.

A questo punto nell'esercizio, sarà utile utilizzare l'**auto-dialogo** positivo. Non devi fare altro che ripetere frasi incoraggianti e calmanti a te stesso. Di' qualcosa come: "Riesco a gestire questo stress," o "Sono rilassato e calmo." Può sembrare un po' strano all'inizio, ma cambiare il dialogo interno può influire notevolmente sul tuo stato mentale generale.

Immediatamente dopo il dialogo positivo, passiamo a identificare uno stressante e applicare il quadro delle 4 A. Questo quadro consiste in quattro alternative per affrontare lo stress:

• Evitare: Cerca di eliminare lo stressante dalla tua vita se possibile.

• Alterare: Modifica la tua situazione per ridurre l'impatto dello stressante.

• Accettare: Riconosci che certe situazioni non possono essere cambiate.

• Adattare: Cambia il tuo atteggiamento verso lo stressante.

Questi passaggi offrono un modo chiaro per gestire le situazioni stressanti e aiutarti a sentirti più in controllo.

Per chiudere l'esercizio, dedica solo 2 minuti alla **riflessione** sulla gratitudine. Pensa a tre cose per cui sei grato. Possono essere anche cose molto semplici come una tazza di caffè caldo o un bel sorriso di un amico. La gratitudine può cambiare il tuo stato d'animo in modo significativo.

Infine, registra i tuoi livelli di **stress** prima e dopo la routine. Prendi un quaderno o un'app sul telefono. Da 1 a 10, valuta come ti senti prima di iniziare e poi dopo aver terminato l'esercizio. Questo ti aiuterà a monitorare i cambiamenti nel tempo e a capire quanto questa routine sia efficace per te.

Ecco una pratica semplice che puoi includere facilmente nella tua giornata, portando **benefici** tangibili al tuo benessere mentale. Buon esercizio di rilassamento!

In Conclusione

Questo capitolo è stato davvero **utile** per imparare diverse tecniche di riduzione dello **stress**. Abbiamo esplorato come **rilassare** i muscoli, **respirare** meglio e gestire lo stress quotidiano in modo più efficace. Vediamo insieme i punti chiave:

In questo capitolo hai visto come il rilassamento progressivo dei muscoli possa portare a una mente calma e ridurre il sovraccarico mentale. Hai capito la **connessione** tra la tensione muscolare e lo stress mentale, spiegata in modo chiaro. Ti è stato descritto nei dettagli il processo della tecnica di Rilassamento Muscolare Progressivo.

Hai anche imparato l'importanza della **respirazione** diaframmatica per ridurre l'ansia rapidamente e schiarire la mente, insieme alla spiegazione scientifica degli effetti fisiologici del respiro profondo. Infine, ti è stato introdotto l'Addestramento Autogeno per indurre un profondo stato di rilassamento e lucidità mentale.

Applicare ciò che hai imparato in queste pagine alla tua vita quotidiana può fare una grande **differenza**. Prova a praticare queste tecniche regolarmente e osserva i **benefici** che portano. Ora tocca a te: metti in pratica questi insegnamenti e goditi una mente più serena e rilassata!

Capitolo 10: Costruire la Forza Mentale

Hai mai pensato a quanto sei **forte** mentalmente? Beh, in questo capitolo, ti prometto, farai un **viaggio** per scoprirlo. Immagina di **rafforzare** la tua mente come fai con i muscoli in palestra. Scommetto che ti incuriosisce l'idea. Anch'io, qualche anno fa, mi sono trovato a dover affrontare **sfide** che sembravano insormontabili. Ma sai qual è la buona notizia? Ogni difficoltà mi ha reso più forte. Adesso tocca a te.

Con questo capitolo, non solo migliorerai il modo in cui **risolvi** i problemi, ma anche come prendi **decisioni** e aumenti la tua sicurezza in te stesso. Sei pronto per l'avventura? Preparati per qualche esercizio pratico – perché sì, la pratica fa miracoli. Non te lo sto dicendo per spaventarti, ma per farti capire quanto sia **affascinante** conoscere e utilizzare la tua forza mentale. Sei pronto a **sorprendere** te stesso?

Sviluppare la Forza Mentale

Quando si tratta di fermare il pensiero eccessivo e i pensieri negativi, la **forza mentale** è qualcosa che può fare una vera differenza. Ti aiuta a mantenere il controllo, a non farti sopraffare dai pensieri che martellano nella testa. E sai una cosa? Non è magia, è qualcosa che puoi costruire con un po' di impegno e pratica.

La forza mentale è composta da diversi elementi chiave. Parliamo di **resilienza** per esempio. Essere resiliente significa saper resistere alle difficoltà senza perderti nella negatività. Riduci il dramma nella tua testa, insomma. Poi c'è la capacità di mantenere la calma sotto pressione. Quante volte la mente ti porta a fare film surreali nelle situazioni stressanti? Se hai questa determinazione mentale, ti troverai a tenere meglio i nervi a bada.

Ma non è tutto. Un altro aspetto è l'**ottimismo** realistico, sai cosa intendo? Non un ottimismo cieco, ma la capacità di vedere le cose con sensatezza mantenendo, però, una visione positiva. Per farla semplice, riuscire ad armonizzare il "ok, questo va male" con "ma posso farlo funzionare".

Ora, un modo per costruire questa resilienza è imparare ad applicare il concetto di "**quoziente di avversità**". Immagina il QI però per quanto bene gestisci le sfide della vita. Questo è più o meno il senso. Punta a consolidare la tua capacità di ripresa dopo gli alti e i bassi. Più crisi affronti con una mentalità robusta, più diventi bravo a tenere saldo nella tua testa. Per alzare questo quoziente ci sono delle tecniche, non è che dev'essere tutto sforzo urlato ai quattro venti.

Un esempio semplice di questa tecnica: dividere il **problema** in puzzle più piccoli e gestibili. Guarda ogni pezzo con attenzione e affrontalo un po' per volta. Non lasciare che una sfida enorme ti travolga. Consideralа come una serie di tappe su cui puoi concentrare meglio l'energia mentale. Col tempo vedrai che, piano piano, la tua capacità di gestire le avversità crescerà come un muscolo che alleni un po' alla volta. Quindi fai respiri profondi e... stella e avanti!

Ma come si collega tutto ciò alla forza mentale? Pensaci un attimo. Se impari a gestire uno **stress** alla volta, subito il pensiero eccessivo viene risucchiato come per magia in secondo piano. Hai qualcosa su cui concentrarti realmente, a cui dare energia sincera. Ridurre il campo di battaglia mentale ti permette di mirare meglio alla risoluzione senza farti distrarre dal bombardamento dei pensieri negativi.

Quindi, hai capito il punto? La forza mentale non è un concetto astratto, esoterico. È **pratica** e coltivazione. Non male come strategia pratica per quelli di noi che come me si trovano spesso a duellare con la propria mente in sovra-stress e iper-attiva.

Ora vado a fare un po' di azioni pratiche per nutrire questa forza. Forza al **cervello**, non facciamoci abbattere dal pensiero negativo!

Migliorare le Capacità di Risoluzione dei Problemi

Risolvere i **problemi** in modo efficace può davvero ridurre l'ansia e prevenire il pensiero eccessivo. Immagina di avere una **strategia** chiara per affrontare le difficoltà, è come se la tua mente diventasse più calma. Gli stress e le preoccupazioni si riducono, e il cervello smette di rimuginare sulle cose. È un po' come dare una pausa alla tua testa, capisci? Se sai come affrontare le situazioni difficili, è già metà dell'opera.

Quando sai **risolvere** un problema, è molto più semplice e diretto. Non devi cercare soluzioni difficili o complicate. Sai esattamente dove andare e cosa fare, quindi il tempo che spendi a preoccuparti si riduce. Ti senti più sicuro e meno ansioso, perché hai già gli strumenti necessari per affrontare una situazione difficile.

Passiamo ora ai passaggi per la risoluzione sistematica dei problemi. Fare le cose passo passo porta **chiarezza** mentale. E devi suddividere un grosso compito in diverse parti più piccole e affrontarle una alla volta.

Ecco i passaggi della risoluzione sistematica dei problemi:

• Identificare il problema

• Generare soluzioni possibili

• Valutare le diverse opzioni

• Scegliere la soluzione migliore

• Implementare la soluzione

• Valutare i risultati

Identificare il problema è essenziale. Se sai qual è il problema, sei già a metà percorso. Generare soluzioni possibili ti offre diverse strade da seguire. Avere più opzioni è sempre meglio che averne solo una. Valutare le diverse opzioni ti aiuta a vedere i lati positivi e quelli negativi di ogni soluzione. Una volta scelta la soluzione migliore, questa deve essere implementata, il che vuol dire metterla in pratica.

È importante valutare i risultati per capire se la soluzione scelta è stata davvero efficace. Così puoi adattare il tuo approccio la prossima volta. E i vari passaggi, come li vedi qui, aiutano a rendere il processo più chiaro.

Ora che abbiamo chiarito i passaggi, passiamo a un metodo specifico: il metodo "IDEAL." È perfetto per affrontare questioni più complesse. IDEAL è un acronimo che sta per: Identificazione del problema, Definizione del problema, Esplorazione delle alternative, Azione effettuata, e Lettura dei risultati della decisione.

Ecco il metodo "IDEAL" per risolvere problemi complessi:

• **Identificare** il problema: Comprendi esattamente quale sia

• **Definire** chiaramente il problema: Descrivi nel dettaglio cosa lo causa

• **Esplorare** le alternative: Analizza tutte le opzioni disponibili

• **Agire**: Metti in pratica la soluzione scelta

• **Leggere** i risultati: Valuta come è andata e cosa puoi migliorare

Con l'IDEAL, l'idea è di affrontare ogni passo con cura. Identificare il problema ti aiuta a focalizzarti. Definirlo chiaramente ti fa capire meglio cosa sta accadendo. Esplorare le alternative ti dà una visione completa delle possibilità. Agendo, metti finalmente in pratica quello che hai deciso. E leggendo i risultati puoi vedere se la tua azione ha funzionato o se puoi migliorare qualcosa.

Ecco, usare il metodo IDEAL è davvero come avere una **bussola** che guida ogni passo del tuo percorso. Afferrando questi metodi, le tue capacità di risoluzione dei problemi miglioreranno e la tua mente sarà sicuramente più **serena**.

Migliorare le capacità decisionali

Prendere **decisioni** con sicurezza non è solo una bella idea, è fondamentale. Immagina meno rimuginare, meno notti insonni, meno dubbi. Dove valuti qualcuno che sa decidere sul momento? Quando ti senti sicuro nelle tue scelte, hai meno ansie e preoccupazioni. Non ti capita mai di passare ore a pensare a una situazione? Magari ci ripensi la mattina dopo e niente è cambiato. Ma, se **agisci** subito con convinzione, risolvi tante questioni prima di essere sopraffatto dalle incertezze.

Pensaci. Quando hai deciso rapidamente di fare una cosa, come ti sei sentito dopo? Meglio. E soprattutto, più calmo. Il sapere di aver preso una decisione ti aiuta a liberare la **mente**. Non devi più pensarci su, né continuare a ponderare ogni minuscolo dettaglio. Hai scelto e sei andato avanti. Punto. Questo è il potere della decisività. Elimina il caos, dimezza lo stress mentale e ti permette di avanzare senza zavorre mentali. A chi non piacerebbe vivere così?

Parliamo un po' della tecnica. Un modo semplice per prendere decisioni equilibrate è usare l'**analisi** dei pro e contro. Facile, vero? Puoi farlo anche su un pezzetto di carta, mentre sorseggi un caffè. Pensa: scrivi i punti a favore di una scelta e quelli contro. La cosa bella di questa tecnica è che ti costringe a mettere tutto sul tavolo. Dai, chi non lo ha mai fatto almeno una volta nella vita?

Immagina un bivio. Da una parte una splendida spiaggia, dall'altra una fitta foresta. Dove andare? Un rapido elenco – pro della spiaggia: sole, relax, brezza marina. Contro: troppo affollata. Pro della foresta: aria pulita, natura, tranquillità. Contro: difficile orientarsi. Semplice, no? Così rendi visibili i **benefici** ma anche gli svantaggi della tua decisione. E questo, amico mio, riequilibra la tua mente dandoti una visione chiara e onesta, sciogliendo incertezze e paure.

Attenzione però, non si tratta sempre e solo di annotare dei punti. Devi anche sentirti coinvolto nella tua decisione. Prova a collegarti emotivamente. Cosa significa per te scelta A? E scelta B? Il cuore ha le sue ragioni che economizzano i nostri ragionamenti. Il trucco? Rallentare. Darti spazio per elaborare, anche a costo di lasciare la mente vagare per qualche minuto. Una mente rilassata è più pronta a **decidere**.

Quando inizi a fidarti del tuo giudizio e diventi più sicuro nel prendere decisioni, senti i benefici diffondersi in tutto il tuo essere. Decidere con fiducia non è più un sogno lontano ma una realtà tangibile. Non serve più scapicollarti in mille pensieri; arrivi da A a B in modo rapido e senza troppe complicazioni. Allenti la morsa dello **stress** come si allenterebbe un nodo troppo stretto. Sei pronto a liberarti?

E nel cuore di tutto questo si trova la capacità di far fronte alle situazioni anche difficili con una mente serena. Fai un piccolo esperimento. Prendi una piccola decisione alla prossima occasione senza troppi ripensamenti. Chissà, potresti rivelarti sorpreso dal livello di lucidità mentale che otterrai. Unendo pragmatismo e

fiducia puoi camminare sicuro su sentieri imbattuti con la mente libera da inutili zavorre.

Dunque, avanti: prendi un respiro profondo, analizza con calma, e decidi con il cuore sereno.

Aumentare l'Autostima

Aumentare l'**autostima** è come mettere lo scudo definitivo contro il dubbio di sé e l'eccessivo rimuginio. Pensa a quelle volte quando tutto sembra più difficile. Beh, l'autostima alta è come avere quel **potere** interno che ti dice, "Ce la puoi fare". Ma perché è così importante migliorare l'autostima?

Innanzitutto, quando hai una buona stima di te stesso, cominci a **credere** di più nelle tue capacità. Questo non solo rende le tue giornate migliori, ma taglia le gambe a quei pensieri negativi che ti trattengono. Come puoi fare se ogni giorno pensi soltanto ai tuoi errori o momenti imbarazzanti? Avere **fiducia** in te aiuta a cambiare prospettiva. Non è che quei dubbi spariscano del tutto, ma li riduci a dei semplici fastidiosi pensieri anziché a dei mostri giganti.

Ma è normale chiederti: come si relaziona tutto ciò con l'auto-efficacia? Allora, appena cominci a fidarti delle tue capacità, inizi anche a influenzare il modo in cui affronti le **sfide** della vita. L'auto-efficacia riguarda il credere di poter fare ciò che intendi. Da qui nasce l'idea che, se ti senti capace, anche l'ansia comincia a mollare il colpo. D'altronde, perché dovresti preoccuparti così tanto se senti di poter risolvere le cose?

Pensa a come ci si sente prima di un grande **discorso** in pubblico. Quel nervosismo che cresce all'idea di parlare davanti a un pubblico scompare un po' se hai già avuto successo in precedenza e se credi in te stesso. Razionalmente sai che puoi farcela e quell'ansia diventa più gestibile, quasi uno stimolo invece di un ostacolo.

E ora, passiamo alla tecnica pratica, a qualcosa di tangibile che puoi fare ogni giorno. Un'idea interessante è il "**diario** della fiducia". È una tecnica davvero efficace per tracciare e mantenere la sicurezza personale. Immagina di scrivere ogni giorno qualcosa di buono che hai fatto o un successo che hai avuto, per quanto piccolo possa sembrare. Può trattarsi di aiutare un amico, completare una presentazione o persino cucinare un pasto ben riuscito.

Diario della fiducia? Sì, funziona proprio così. Ogni giorno dedica qualche minuto a scrivere. Magari al termine della giornata. È un momento per te dove riflettere sulle piccole vittorie. In questo modo, quando ti senti giù, puoi sfogliare il diario, che ti ricorda i tuoi successi e le tue qualità.

Oltre al diario, non dimenticare di usare parole positive e incoraggianti per te stesso. Tipo, "Oggi ho fatto un ottimo lavoro con quella presentazione," oppure, "Sono stato molto gentile con quella persona e mi è venuto naturale." Questi **apprezzamenti** personali nutrono l'autostima giorno dopo giorno. L'effetto? Una crescente consapevolezza del tuo valore e delle tue capacità, che gradualmente scaccia via l'auto-dubbio e regala una visione più serena.

Questo conclude un'altra valida strategia per fortificare la tua mente. Coltivando l'autostima, investendo nell'auto-efficacia e utilizzando il diario della fiducia, stai costruendo lentamente ma inesorabilmente una forte armatura mentale contro l'angoscia dell'overthinking.

Esercizio pratico: Piano di allenamento per la forza mentale

Identifica tre situazioni difficili che affronti spesso. Non è facile, lo so. Possono essere grane al lavoro, tensioni in famiglia, o anche quei sentimenti di insicurezza che spuntano fuori dal nulla. Fermati un attimo e pensaci su. Cosa ti mette davvero in crisi? Prova a individuare tre situazioni specifiche. Possono sembrarti spaventose, ma il primo passo è sempre rendersi conto di ciò che ci affligge.

Eccoti un esempio. Potresti avere sempre l'ansia a mille prima di una presentazione. Oppure, litigare a tutto spiano con un familiare potrebbe essere una di queste situazioni. Anche la sensazione di non essere all'altezza può finire nella lista. Mettile nero su bianco. Credimi, tutti abbiamo questi grattacapi e ammetterli è già un bel passo avanti.

Per ogni situazione, **scrivi** una dichiarazione di auto-incoraggiamento positiva. Qui comincia un po' di magia. Per ogni grana che hai elencato, pensa a una frase positiva che potresti dire a te stesso quando quei momenti si presentano. Qualcosa del tipo "Ce la posso fare" per la presentazione. Per le liti familiari, "Posso mantenere la calma e risolvere questo casino senza dare di matto." E per quel sentimento di insicurezza? "Valgo quanto chiunque altro." Scrivi queste dichiarazioni accanto alle situazioni difficili. Avendole a portata di mano, puoi tirarle fuori quando ne hai bisogno, quasi fossero delle armi segrete!

Crea un piano di risoluzione dei problemi usando il metodo IDEAL per una situazione. Da qui puoi partire. Prendi una delle tre situazioni difficili e applica il metodo IDEAL. Questo metodo include Identificare il problema, Definire le opzioni, Esplorare le conseguenze, Agire, e poi valutare i risultati. Facciamo un esempio con la tua ansia da presentazione.

Prima, Identifichi la fonte dell'ansia, magari la paura di fare una figuraccia. Poi, Definisci alcune opzioni: prepararti meglio, fare le prove davanti a un amico. Esplora le conseguenze sia del fare cilecca che del fare una figura da dio. Dopo, Agisci scegliendo l'opzione migliore, magari fare alcune prove. Infine, valuta com'è andata e cosa potresti migliorare. Sembra un casino ma diventa più semplice con la pratica.

Esercitati a prendere una decisione rapida usando l'analisi dei pro e contro. A volte restiamo paralizzati dalle decisioni. Per evitare questo, scegli una piccola decisione quotidiana e fai al volo una lista dei pro e contro. Ad esempio, se non sai se comprare quel nuovo libro che ti fa l'occhiolino, fai una lista dei pro come "Imparerò qualcosa di nuovo" e dei contro come "Costa un occhio della testa." Prendi la decisione basandoti su ciò che hai scritto e stop.

Annota tre punti di forza o successi personali nel tuo diario della fiducia. Dai, prenditi un momento per riflettere sulle tue qualità e sui tuoi momenti di gloria. Scrivi tre cose che hai fatto bene o in cui ti senti un drago sul tuo diario. Potrebbe essere qualcosa di piccolo come "ho finito quel libro che avevo iniziato secoli fa" oppure cose più grosse come "ho ottenuto una promozione."

Fissa un piccolo obiettivo raggiungibile da realizzare entro la prossima settimana. Può essere qualsiasi cosa, anche roba banale come cucinare una nuova ricetta o fare una passeggiata. L'importante è che tu senta di poter raggiungere questo obiettivo senza troppi grattacapi. Piccoli successi portano a grandi cambiamenti.

Rifletti su come ogni esercizio influisce sulle tue tendenze a rimuginare. Una volta che hai seguito i passi, prenditi un momento per riflettere su tutto il ambaradan. Come ti sei sentito nel fare questi esercizi? Rimugini meno o di più? È importante notare come queste pratiche influenzano il tuo stato mentale. Potrebbe non cambiare tutto da un giorno all'altro, ma vedrai dei miglioramenti col tempo.

Ecco il tuo piano di allenamento per la forza mentale. Passo dopo passo, diventerai più forte e sorriderai di più.

In Conclusione

Questo capitolo ti ha guidato attraverso vari **strumenti** utili per costruire la **forza mentale** e migliorare la tua capacità di affrontare l'ansia e i pensieri negativi. Attraverso **esercizi** pratici e tecniche comprovate, hai imparato come gestire meglio le tue **emozioni** e decisioni quotidiane.

Nel capitolo, abbiamo esplorato l'importanza della **tenacia** mentale per resistere ai pensieri invasivi, rendendoti più resiliente. Hai scoperto gli elementi chiave della tenacia mentale e come influiscono sulla tua capacità di recupero nei momenti difficili. Abbiamo anche parlato del "quoziente di avversità" come strumento per aumentare la tua resistenza mentale alle situazioni stressanti.

Hai imparato come un buon **problem-solving** può ridurre l'ansia e fermare il rimuginare, attivando la chiarezza mentale. Ti abbiamo presentato il metodo "IDEAL" per affrontare i **problemi** complessi e prendere decisioni ponderate, riducendo lo stress.

Ora che hai raccolto questi insegnamenti preziosi, è il momento di applicarli nella vita di tutti i giorni. La forza mentale non solo migliorerà la tua capacità di affrontare le **sfide**, ma trasformerà anche il modo in cui vedi e affronti le difficoltà. Metti in pratica ciò che hai imparato e scoprirai che puoi avere controllo e serenità nella tua mente.

In bocca al lupo e continua a costruire la tua forza mentale ogni giorno!

Capitolo 11: Creare Abitudini Salutari

Ti sei mai sentito bloccato in un ciclo di cattive **abitudini**? Io, per esempio, ho passato mesi a lottare con il sonno irregolare. E tu? Potresti trovarti a cercare un'**alimentazione** migliore, più **energia** o anche semplicemente più ordine nel caos quotidiano. Questo capitolo è pensato per sfidarti un po'—per mettere in discussione le tue **routine** e scoprire come piccoli cambiamenti possano fare una grande differenza. Immagina di svegliarti riposato, con la mente chiara e il corpo pronto per affrontare la giornata con **vigore**.

All'inizio, può sembrare complicato stabilire nuovi ritmi... ma troverai suggerimenti pratici per migliorare il **sonno** puntualmente. Ci sono passato anch'io e so quanto possa sembrare impossibile. Sei pronto a scoprire come una buona alimentazione possa trasformare il tuo modo di pensare, nell'arco di pochi pasti? Seguiremo percorsi semplici ma potenti. Affronteremo insieme gli effetti benefici dell'**esercizio** fisico, quel piccolo sforzo in più che fa la differenza, e ti aiuterò a trovare la direzione giusta attraverso la definizione di **obiettivi** SMART—specifici e raggiungibili. Appassionati. Curiosi. Andiamo a esplorare insieme!

Stabilire una Routine del Sonno Costante

Sai che **dormire** bene può davvero aiutarti a smettere di rimuginare e migliorare la tua lucidità mentale? Ebbene sì. Un buon sonno non serve solo per il riposo fisico, ma è fondamentale anche per la tua **mente**. Quando dormi bene, sei meno incline a rimanere bloccato su pensieri negativi.

In effetti, una notte di sonno di qualità può cambiare tutto. Pensa a quelle volte in cui ti sei svegliato fresco e rilassato - la mente è più chiara, meno confusa. Riesci a prendere decisioni migliori, pensare in modo più **creativo** e hai una visione molto più positiva delle cose. È incredibile come il sonno possa letteralmente ripulire i residui di pensieri negativi accumulati durante il giorno. Dopo una buona dormita, la giornata sembra meno stressante e più gestibile.

Non si può parlare di sonno senza spiegare come influisca sulla nostra **funzione** cognitiva e sulla regolazione emotiva. Quando dormi, il tuo cervello riorganizza e immagazzina le informazioni, consolidando i ricordi. Questo processo è essenziale per la tua capacità di apprendere e di lavorare in modo efficiente. Se non dormi abbastanza, potresti trovare difficile concentrarti e ricordare le cose - è come se il tuo cervello funzionasse a mezzo servizio.

E riguardo alle **emozioni**? La mancanza di sonno influisce notevolmente su come le gestisci. Ti sei mai sentito irritabile o emotivamente fragile dopo una nottata in bianco? Questo accade perché il sonno gioca un ruolo enorme nel regolare le tue emozioni. Quando sei privato del sonno, è più probabile che tu reagisca in modo esagerato alle situazioni, interpretando le cose in modo più negativo di quanto realmente siano.

Quindi, è fondamentale avere delle abitudini sane per il sonno. Inizia a prestare attenzione all'**igiene** del sonno. Ecco alcuni suggerimenti per te. Questa "lista per l'igiene del sonno" è piena di piccoli accorgimenti che possono davvero fare la differenza nella qualità del tuo riposo:

• Trova un orario di sonno regolare. Cerca di andare a letto e svegliarti alla stessa ora tutti i giorni, anche nei weekend.

• Crea un ambiente di sonno rilassante. La tua camera da letto dovrebbe essere buia, silenziosa e fresca. Investi in un buon materasso e cuscini comodi.

• Limita l'uso dei dispositivi elettronici prima di dormire. La luce blu degli schermi può interferire con la tua capacità di addormentarti.

• Evita cibi pesanti e caffeina la sera. Opta per una camomilla o un'altra bevanda rilassante.

• Prendi l'abitudine di fare qualcosa di rilassante prima di dormire, come leggere un libro o fare un bagno caldo.

Trovare una **routine** del sonno regolare non solo migliora la qualità del riposo ma contribuisce direttamente a calmare la mente. Applicando queste piccole modifiche nel quotidiano, potrai notare miglioramenti nella tua vita in generale. Un sonno adeguato ti aiuta a vedere il mondo con occhi più lucidi e a gestire meglio lo **stress** e le emozioni negative. Provaci e vedrai che farà una grande differenza.

Nutrizione per la Chiarezza Mentale

Parliamo di quanto una **buona alimentazione** possa fare una grande differenza per la salute del tuo cervello. Non ci crederesti, ma molte delle ansie e preoccupazioni che senti quotidianamente possono essere alleviate con la giusta scelta di alimenti. Mangiare cibi ricchi di **nutrienti** aiuta il cervello a lavorare meglio, dandoti una mente più chiara e serena.

Per cominciare, è importante mangiare una varietà di frutta e verdura. Questi alimenti sono pieni di vitamine, minerali e antiossidanti che proteggono le cellule cerebrali dai danni. Pensali come soldatini che difendono il tuo cervello. Poi, ci sono i grassi sani come quelli che trovi nell'avocado, nei semi di lino e nelle noci. Questi aiutano a costruire e mantenere le membrane delle cellule cerebrali, rendendole forti e robuste.

Passiamo ora alla connessione tra salute intestinale e **benessere mentale**. Ecco il bello. Hai mai sentito parlare di microbioma intestinale? È questo piccolo ecosistema nel tuo tubo digerente pieno di batteri "buoni" che fanno tutto l'incredibile lavoro di mantenerti in salute. Ma ciò che forse non sai è che questi piccoli amici influenzano anche la tua mente. Se l'intestino non è sano, anche il cervello ne soffre.

Il punto è che mantenere un microbioma intestinale "felice" può ridurre l'infiammazione che potrebbe esserci nel corpo e nel cervello. In parole povere, meno infiammazione significa meno pensieri ansiosi. E cosa fanno questi batteri "buoni"? Principalmente, fermentano le fibre alimentari e producono sostanze che aggiustano la funzione del cervello. Quindi, è importante mangiare yogurt, kefir e alimenti ricchi di fibre come legumi, cereali integrali e frutta.

Come mettere in pratica tutto questo? Ecco il tuo "piano alimentare per potenziare il cervello". Inizia con una bella colazione accompagnata da mirtilli e noci. Un mix perfetto di antiossidanti e grassi sani. A pranzo, prova un'insalata di spinaci con semi di chia e salmone – faresti un grande regalo alla tua mente con tutte quelle sostanze nutrienti.

A cena, opta per cereali integrali con contorno di verdure cotte al vapore e una proteina come pollo o tofu. Non dimenticare gli spuntini: frutta fresca, yogurt naturale e qualche carota cruda possono fare meraviglie. Per le bevande, tisane rilassanti come camomilla e tè verde dovrebbero diventare le tue migliori amiche.

Ricorda, non si tratta solo di "cosa" mangi, ma anche di come lo fai. Prenditi del tempo per gustare i pasti, con calma e senza stress.

Mantenere un livello di **zucchero stabile** nel sangue è cruciale. Evita gli zuccheri semplici, che ti danno solo una breve ondata di energia per poi lasciarti a terra.

Quindi, ecco come una buona alimentazione può cambiare la tua vita e come la **salute intestinale** gioca un ruolo chiave nel tuo benessere mentale. Adottando il piano alimentare giusto, puoi sostenere la tua funzione cognitiva e stabilizzare il tuo umore. Datti il tempo di mettere in pratica questi consigli e vedrai i risultati che ti aiuteranno a liberare la mente dagli stati d'animo opprimenti e ansiosi.

Esercizio Regolare per la Salute Mentale

Ti sei mai chiesto se ti piace fare **esercizio**? Che la risposta sia sì o no, sappi che è fondamentale. Per la tua **mente**. Quando fai attività fisica, il tuo corpo rilascia endorfine—una sorta di antidoto naturale contro lo stress e l'ansia. Fa tutto parte del pacchetto.

Sembra che quando corri, nuoti o anche solo cammini veloce, il cervello inizi a sentirsi meglio. Lo so, sembra facile a dirsi. Ma pensa a quanti **benefici** puoi ottenere solo mettendoti un paio di scarpe da ginnastica e uscendo di casa. È divertente constatare come una cosa così semplice possa darti una sensazione di leggerezza.

L'attività fisica non deve essere complicata. Immagina di fare una passeggiata nel tuo parco preferito. Respiri aria fresca, osservi il paesaggio. Ogni passo che fai toglie un pezzettino di **stress** dalla tua giornata. È come una terapia mossa dopo mossa. Persino ballare in salotto può andare bene. Suona ridicolo, vero? Ma funziona.

Hai mai notato come anche l'**umore** tenda a migliorare dopo una bella sessione di esercizio? Come se il peso delle preoccupazioni si sciogliesse piano piano. Quei pensieri brutti diventano, a poco a poco, meno rilevanti. È proprio una magia! Quello che inizia come uno sforzo fisico, diventa un balzo mentale gigantesco verso una maggiore serenità.

Ti piace condividere le tue vittorie con qualcuno? Potresti provare a fare **esercizio** con un amico. Essere in compagnia rende tutto più facile, più piacevole. Una risata qua, una corsetta là... e come vola il tempo! In più, i legami sociali si rafforzano, smontando lo stress. Una sorta di doppio effetto positivo. Si ricaricano le batterie ma anche il cuore.

Non voglio confonderti con troppe informazioni tutte in una volta. L'esercizio fisico è solo una parte dell'equazione. L'altra è **l'abitudine** che si crea con la costanza. Una volta che inizi e continui, diventa più facile. È un po' come imparare ad andare in bici: la fatica c'è all'inizio ma dopo le rotelle diventano superflue.

C'è un'ultima cosa sull'esercizio e la salute mentale. Non sottovalutare mai il potere del "facciamolo domani". È facile rimandare. E spesso, quella scusa si trasforma in un'attitudine. Insomma, se ci tieni alla tua mente, comincia subito (anche tra qualche ora va bene). Blocca quel piccolo tarlo del rinvio, così la tua mente potrà essere libera. Non devi essere perfetto. Devi solo cominciare... oggi.

Quindi, sei pronto? Cogli l'occasione. Indossa quelle scarpe da ginnastica e ricorda: una piccola passeggiata può fare **miracoli**. O la prossima volta che ti senti stressato o sopraffatto, metti su la tua musica preferita e balla. La tua mente ti ringrazierà.

Stabilire Obiettivi SMART

Avere **obiettivi** ben definiti può davvero fare la differenza. Quando hai una direzione chiara da seguire, il pensiero senza meta sparisce.

Senza obiettivi chiari, è come cercare di trovare una destinazione senza una mappa. Ti senti perso e confuso.

Una strada chiara ti aiuta a **focalizzarti** su ciò che vuoi veramente. Meno tempo perso a pensare senza meta significa meno stress. Diretto, semplice e, soprattutto, efficace. Con obiettivi ben definiti, sai esattamente quale azione prendere al momento giusto.

Vediamo i componenti degli obiettivi SMART. Ogni lettera ha un significato importante: Specifici, Misurabili, Raggiungibili, Rilevanti e Temporizzati. Facciamo un piccolo giro su ciascuno di essi.

Un obiettivo Specifico elimina qualsiasi dubbio su ciò che stai cercando di **raggiungere**. Niente spazio per confusioni. Che si parli di perdere peso o imparare una nuova lingua, mettere i dettagli è fondamentale. Un esempio potrebbe essere "Voglio perdere 5 chili".

Misurabili significa che puoi vedere i **progressi**. Ti aiuta a tenere traccia. Se non riesci a misurare il tuo obiettivo, come fai a sapere se stai avanzando? Tornando all'esempio del peso, puoi controllare il numero di chili persi ogni settimana.

Raggiungibili vuol dire essere realistici. Un obiettivo deve essere qualcosa che puoi effettivamente ottenere. Non significa limitarti, ma essere onesto con te stesso sulle tue capacità.

Rilevanti significa che l'obiettivo deve avere **importanza** per te. Deve essere qualcosa che davvero ti motiva. Se imparare una nuova lingua ti aiuterà col lavoro o con i viaggi, ecco perché è rilevante.

Infine, Temporizzati. Significa avere una scadenza. Dà una certa urgenza e ti impedisce di rimandare. Dire "Voglio perdere 5 chili in tre mesi" è un ottimo esempio.

Perfetto, ora come creare e implementare questi obiettivi? Inizia con piccoli passi. Scrivi tutto. Non tenerlo solo nella mente, perché è più facile dimenticare o perdere la **motivazione**. Mettilo su carta o in una nota sul cellulare.

Poi, suddividi ogni obiettivo in piccoli compiti. Non cercare di fare tutto in una volta. Dividilo in pezzi gestibili. Se vuoi leggere un libro alla settimana, decidere quanti capitoli leggere al giorno ti aiuta. Piccoli passi porteranno a grandi risultati.

Non dimenticare di monitorare i tuoi progressi. Segna ogni piccolo traguardo raggiunto. Ti darà una sensazione di realizzazione e ti manterrà motivato. È come vedere il tuo giardino fiorire prima ancora di aver piantato tutti i fiori.

Continuando con il monitoraggio, valuta e aggiusta il piano se necessario. Un po' di **flessibilità** aiuta a rimanere sulla buona strada. Se noti che qualcosa non funziona, non aver paura di modificare l'obiettivo.

Imparare a stabilire e seguire gli obiettivi SMART non è solo un metodo per realizzare piccole cose ma una vera abilità di vita. Ti sentirai più calmo, organizzato e, cosa importante, meno sopraffatto. Adesso tocca a te mettere in pratica tutto. Facciamo in modo che la tua vita sia meno complicata e molto più **efficace** con la magia degli obiettivi SMART!

In Conclusione

In questo capitolo, abbiamo esplorato come creare **abitudini** sane per migliorare la tua vita quotidiana. Imparare a condurre una vita più sana può aiutarti a sentirti meglio e ad avere una **mente** più lucida. I punti affrontati ti forniscono strumenti semplici ma efficaci per raggiungere questo obiettivo.

Hai visto quanto sia importante avere una routine del **sonno** costante e come ciò influisca sulla tua mente. Hai anche imparato come una buona **alimentazione** supporti la salute del cervello e riduca l'ansia.

Abbiamo discusso i **benefici** dell'esercizio fisico per la tua salute mentale e il benessere generale. Hai scoperto quanto aiuti fissare **obiettivi** ben definiti a ridurre i pensieri senza meta. Infine, hai esplorato strategie utili per concretizzare abitudini sane nella tua vita quotidiana.

Non dimenticare di applicare quanto hai imparato. Ogni **cambiamento** positivo inizia con un piccolo passo. Metti subito in pratica questi **consigli** e vedrai come la tua vita cambierà in meglio. Tu puoi fare la differenza!

Dai, forza! È il momento di agire e trasformare queste idee in realtà. Con un po' di impegno e costanza, vedrai presto i risultati. Ricorda, la chiave è iniziare e non mollare. Buona fortuna nel tuo percorso verso una vita più sana e felice!

Capitolo 12: La Psicologia Positiva in Azione

Ti sei mai chiesto come potrebbe **cambiare** la tua vita se dedicassi anche solo un po' di tempo a cercare il lato **positivo** delle cose? Beh, sei nel posto giusto. Comincio con una breve storia personale. Ricordo una volta, in una giornata non proprio fantastica, ho deciso di fermarmi e contare tutte le piccole cose per cui dovevo essere **grato**. Wow, che differenza ha fatto! Ed è proprio di queste piccole **azioni** che questo capitolo parla.

In queste pagine, ti invito a esplorare **pratiche** semplici ma potenti. Voglio farti scoprire come la **gratitudine** possa diventare parte della tua giornata, come fermarti e assaporare momenti belli possa cambiare il tuo stato d'animo. E c'è di più – imparare a trovare quella **concentrazione** profonda con attività che ti appassionano. Infine, il nostro kit pratico ti guiderà verso una maggiore **positività**. Sei curioso? Scopri tutto in questo capitolo!

Praticare la Gratitudine

Hai mai notato come, a volte, ti **concentri** su tutto quello che va storto nella vita? Tipo quando un piccolo problema diventa una montagna insormontabile? Beh, praticare la **gratitudine** può effettivamente aiutarti a spostare l'attenzione da questi pensieri negativi alle cose belle che già hai.

Quando ti concentri su ciò per cui sei grato, dici al tuo **cervello** di focalizzarsi sugli aspetti positivi. Funziona come un filtro: invece di vedere solo le seccature, cominci a notare le piccole gioie quotidiane. È un po' come cambiare canale su un programma più piacevole. Questo spostamento mentale fa una bella differenza, perché più ti concentri su aspetti positivi, meno spazio lasci alle preoccupazioni. Prova a pensare a ciò per cui sei grato ogni giorno; vedrai come, col tempo, la tua visione della vita cambia. Sembra semplice, ma è potentissimo.

Ora, parliamo un po' degli **effetti** che la gratitudine può avere sul tuo cervello. Sai che praticarla può influenzare direttamente il tuo umore e ridurre i livelli di stress? Sì, proprio così. Esistono studi che dimostrano come la gratitudine possa aumentare il rilascio di serotonina e dopamina, quegli ormoni del benessere che ti fanno sentire felice. In parole povere, essere grato porta il cervello a produrre più sostanze chimiche che migliorano il tuo umore. È come una palestra per la mente: più eserciti la gratitudine, più il tuo cervello si abitua a creare queste sensazioni positive.

Ma non è solo questo. Essere grato porta anche ad una riduzione del cortisolo, l'ormone dello **stress**. Meno cortisolo significa meno tensione e una mente più calma. Pensando ogni giorno a ciò di cui sei grato, alleni il tuo cervello a rimanere in uno stato di relax e serenità. Non ti sembra sorprendente che un gesto così semplice possa avere effetti tanto notevoli?

Ora ti vorrei parlare di una pratica molto semplice ma efficace per allenare la gratitudine: la tecnica delle "Tre Cose Buone". Questo **esercizio** è veramente facile da fare, ma i suoi effetti sono davvero potenti. Prima di andare a dormire, prova a scrivere tre cose positive accadute nella tua giornata. Possono essere piccole cose, come un complimento ricevuto, vedere un bel tramonto, o perfino il gusto della tua colazione preferita.

Scrivere queste tre cose non solo ti costringe a cercare qualcosa di bello nella tua giornata, ma ti aiuta a chiuderla con una nota positiva.

E se lo fai ogni sera, noterai come queste piccole gioie cominciano a moltiplicarsi. Si tratta di creare una nuova **abitudine**, che all'inizio può sembrare forzata, ma con il tempo diventa naturale.

Quindi, ecco cosa fare: ogni notte, prendi un quaderno o usa una nota sul tuo telefono e annota quelle tre cose buone. Sarà come dare al tuo cervello una dose di positività quotidiana. Inizia subito e guarda come la tua prospettiva cambia in meglio.

E pensa, queste piccole abitudini si sommano, creando un **cambiamento** duraturo nella tua vita. Le piccole cose contano tanto, e la gratitudine ne è la prova tangibile.

Assaporare le Esperienze Positive

Pensa a quando **assapori** un pezzo di cioccolato. Gusti ogni pezzetto, vero? Ecco, assaporare le esperienze positive è un po' la stessa cosa, ma applicato alle **emozioni**. Quando impari a farlo, puoi migliorare molto il tuo umore e ridurre la tendenza a pensare troppo. Sai, quei pensieri che girano e rigirano in testa. Invece, assapora il momento.

Prova a rallentare e osservare attentamente quello che succede intorno a te quando sei **felice**. Magari è una risata con un amico, o quei pochi minuti al sole. Gustare questi istanti ti aiuta a notare di più le cose buone nella tua vita. Alla fine di una giornata, puoi persino ripensarci e sentirti ancora meglio. Dai, facci un tentativo, ti sorprenderà.

Pensare a queste emozioni in modo **consapevole** ti permette di amplificarle. Sì, un po' come aumentare il volume della tua canzone preferita. Quando te la godi appieno, la felicità diventa più grande. Una piccola gioia può trasformarsi in un bel ricordo che ti solleva l'animo quando ne hai bisogno. Se ti abitui a potenziare ciò che senti di bello, questo può avere un impatto forte sulla tua salute mentale. Hai dei benefici diretti, come meno stress e più serenità.

L'amplificazione delle emozioni positive è una vera perla nella **psicologia** positiva. Quando ti concentri su cosa ti rende felice, queste emozioni si radicano più in profondità nel cuore. Immagina ogni emozione gioiosa come una piantina che cresce ogni volta che le dai un po' di attenzione. Questo semplice gesto di apprezzamento continuo ti fa sentire meglio e ti aiuta a gestire i pensieri troppo insistenti.

Passiamo adesso a una tecnica interessante per essere più consapevole delle tue emozioni: la passeggiata di **assaporamento**. Esci fuori, solo per un attimo. Non importa dove, il parco, una strada tranquilla o persino il tuo quartiere. Cammina lentamente, osserva ogni dettaglio. Le foglie sugli alberi, il profumo dei fiori, il suono del vento. Non correre, goditi la passeggiata. Questa pratica trasforma una semplice camminata in una meditazione in movimento.

Pensaci: quante volte cammini senza notare nulla? Invece, prenditi qualche minuto per guardare intorno. Quando ti avvii alla scoperta dei piccoli momenti piacevoli, ti ritrovi a mettere da parte quei pensieri che si affollano nella tua mente. È una specie di reset mentale. Prova a prenderla come abitudine e vedrai come cambiano le cose.

Quindi, assaporare le esperienze positive è davvero semplice, ma così **potente**. Ti permette di goderti di più la vita e di allontanarti dai pensieri ingombranti. Riesci a vedere il lato luminoso anche nelle giornate più grigie. Può essere una risata, un pomeriggio con gli amici o una passeggiata tra il verde. Ogni occasione è buona per rallentare, guardare intorno e apprezzare quel che hai. Proprio come una tavoletta di cioccolato che non vuoi che finisca subito.

Riprendendo tutto questo, pensa solo a quanto poter amplificare queste emozioni può esserti utile. Riuscire a coltivare momenti di pura **gioia** e farli durare di più. Si può. E alla fine della giornata, quando riposi la testa sul cuscino, vedrai che la vita avrà un sapore diverso. E più dolce.

Impegnarsi in Attività di Flusso

Gli stati di flusso possono essere una pausa naturale dai modelli di pensiero eccessivo. Ti è mai capitato di essere talmente **immerso** in un'attività da dimenticare tutto il resto? È questo il potere del flusso: una **concentrazione** totale sulla tua attività che spazza via gli altri pensieri. A me capita spesso quando perdo la cognizione del tempo facendo qualcosa che adoro.

Il flusso è caratterizzato da diverse cose. Hai una **sfida** che corrisponde perfettamente alle tue abilità e perdi la sensazione del tempo. Ti senti completamente coinvolto in ciò che stai facendo... e diventa quasi una sorta di meditazione attiva. Questo stato di flusso ha un impatto positivo sul benessere, specie se lotti contro lo stress o i pensieri negativi. Alla fine di una sessione di flusso, ti senti **rinvigorito** e più leggero, con una mente più chiara. È come se i problemi fossero messi in pausa per un po'.

Trovare e sviluppare le tue attività di flusso è essenziale per sfruttare questi benefici. Non è così difficile come potrebbe sembrare. Inizia identificando le attività che ti piacciono e che trovi particolarmente coinvolgenti. Potrebbe essere qualsiasi cosa, dalla pittura alla corsa, dalla lettura alla cucina. Qualsiasi attività che richieda abilità e **impegno** può trasformarsi in un'esperienza di flusso. Il trucco è trovare sfide giuste per il tuo livello di abilità: né troppo semplici, né troppo difficili.

E quando hai trovato la tua attività di flusso? Continua a praticarla, sperimenta diverse varianti per mantenerla fresca e interessante. Inizia con sessioni brevi e aumenta il tempo man mano che ti senti più a tuo agio. In questo modo, crei una routine di flusso che ti permette di godere dei suoi benefici regolarmente, aiutandoti a liberarti degli schemi di pensiero eccessivo.

Pensa al flusso come a una palestra per la mente. Quanto più ti alleni in attività di flusso, tanto più naturale diventa entrare in quello stato. Non serve altro che un po' di costanza e di **sperimentazione** per trovare ciò che funziona meglio per te.

La differenza si nota. Passare del tempo nel flusso migliora non solo il tuo benessere mentale, ma anche la tua **produttività** e creatività quotidiana. Insomma, c'è un mondo intero di benessere mentale dietro l'angolo con il flusso come alleato. Più ti dedichi a queste attività, più sarai capace di gestire ansie e stress con maggiore leggerezza.

Impegnarsi in attività di flusso potrebbe sembrare all'inizio una sfida. Tuttavia, con un poco di sperimentazione e di attenzione alle tue reazioni, scoprirai presto quali sono quelle attività che ti fanno perdere completamente la cognizione del tempo, regalandoti alla fine una mente più calma. È proprio la ricerca dell'**equilibrio** che ti guida verso il benessere.

Coltivare l'ottimismo

L'**ottimismo** realistico è uno strumento potente contro le spirali di pensieri negativi. Spesso ti fai prendere dalla negatività quando le cose non vanno come sperato e tutto sembra andare storto. Ma sai una cosa? Non è detto che tutto vada davvero così male. Guarda le cose da una prospettiva più realistica. Affrontare i **problemi** avendo fiducia nelle tue capacità e mantenendo una visione ottimista può ridurre notevolmente l'ansia.

Quando si tratta di ottimismo, devi fare una distinzione importante. L'ottimismo cieco è quella convinzione che tutto andrà sempre bene a prescindere dalle circostanze – è un po' come mettere la testa sotto la sabbia e ignorare la realtà. Invece, l'ottimismo appreso è quello che sviluppi imparando ad avere una visione più positiva grazie all'**esperienza** e all'auto-riflessione. Non si tratta di illudersi, ma di cercare di vedere il bicchiere mezzo pieno e agire di conseguenza. Ciò ti permette di essere più resiliente di fronte alle avversità.

Quindi, come fai a passare dall'ottimismo cieco a quello appreso? Uno dei modi più efficaci è attraverso la tecnica del "migliore sé possibile". Questo **esercizio** ti invita a immaginare il tuo futuro migliore possibile – pensare a come sarebbe la tua vita se andasse davvero tutto per il meglio. Prenditi un momento tranquillo, chiudi gli occhi e visualizza te stesso tra cinque o dieci anni; pensa a quello che avrai realizzato, alle sfide che avrai superato.

Immagina le sensazioni, le **emozioni** e tutto il contesto che ti circonda. Poi scrivi tutto su un foglio. Può sembrare semplice, ma visualizzare dettagliatamente un futuro positivo ti aiuta a spostare il focus dalla negatività al positivo e a crearti motivazione per lavorare verso quel futuro.

Mentre fai questo esercizio, è importante non farti prendere dal pessimismo. Se passi il tempo a pensare a tutto ciò che può andare storto, il cervello finisce per convincersi che le cose non andranno mai bene. La visione del "migliore sé possibile" ti permette invece di sognare in grande e creare un piano d'azione realistico.

Allora, tutto questo potrebbe sembrarti un po' strano, vero? Ma provare non costa nulla e può veramente cambiare la tua percezione del **futuro**. Prenditi del tempo ogni giorno per visualizzare il migliore te stesso possibile e vedrai come lentamente le tue prospettive cominceranno a cambiare.

E quando sentirai che i pensieri negativi cominciano a prendere il sopravvento, fermati e pensa a quella versione di te stesso che hai immaginato. Usa questa **visualizzazione** come un'àncora per mantenere viva quella speranza ottimista.

Passare dall'ottimismo cieco a quello appreso non è solo una questione di atteggiamento mentale, ma anche di imparare a fidarti delle tue capacità e credere che, con sforzo e determinazione, puoi superare le difficoltà. Considera ogni piccola vittoria come un passo verso la realizzazione del tuo migliore sé.

Alla fine, l'obiettivo è seminare l'ottimismo come se fosse una pianta – va innaffiato e curato quotidianamente. Con pazienza e **determinazione**, il tuo giardino mentale fiorirà in un'oasi di positività.

Esercizio Pratico: Kit di Strumenti per Aumentare la Positività

Ti è mai capitato di sentirti così sopraffatto dai **pensieri** che sembrava non ci fosse via d'uscita? Beh, questo esercizio è pensato proprio per aiutarti a rallentare e ritrovare il **sorriso**. Cominciamo con qualcosa di semplice: scrivi tre cose per cui sei grato oggi. Può essere qualsiasi cosa, dalle piccole gioie quotidiane ai momenti straordinari. Tipo il sole che è spuntato stamattina, il caffè che ti ha dato la carica o una risata condivisa con un amico. Notare ciò per cui sei grato ti aiuta a spostare l'attenzione dalle preoccupazioni alle benedizioni che hai.

Ecco ora un passaggio fondamentale: dopo aver scritto le tue tre cose, prenditi un attimo per sentire davvero questa **gratitudine**. Chiudi gli occhi e immergiti per due minuti nel ricordo di una di quelle cose positive. Magari il profumo della caffettiera, la dolcezza della risata del tuo amico. Assapora quei momenti dentro di te come se fossi ancora lì. Questa pratica può davvero migliorare il tuo umore, è come una piccola dose di felicità istantanea.

Ok, facciamo un passo avanti: elenca tre punti di **forza** personali. Dev'essere qualcosa che senti davvero tuo - sei bravo ad ascoltare? Hai una grande determinazione? Scrivili e, appena hai finito, pensa a come li hai usati di recente. Magari hai ascoltato attentamente un amico che aveva bisogno di sfogarsi o hai tenuto duro in un compito difficile al lavoro. Riflettere su queste cose ti ricorda non solo delle tue risorse interiori, ma anche dei tuoi recenti successi.

E da qui, considera come fissare un piccolo **obiettivo** per la giornata che sia in linea con i tuoi valori. Forse sei una persona a cui piace aiutare, quindi il tuo obiettivo potrebbe essere semplicemente fare un gesto gentile verso qualcuno oggi. O magari tieni alla salute, quindi pianifichi una passeggiata all'aria aperta. L'importante è che sia raggiungibile e significativo per te. Un obiettivo che completi con un senso di soddisfazione e allineato con quello che conta davvero per te.

Prendiamoci ora un momento per una meditazione di **gentilezza** amorevole. Trovati un posto tranquillo, chiudi gli occhi e pensa a qualcuno a cui vuoi bene. Per cinque minuti, concentrati sull'inviare pensieri d'amore e gentilezza a questa persona. "Che tu sia felice, che tu sia in salute, che tu sia protetto". Ripeti queste frasi, sentendo quel calore riempire il tuo cuore. Questa pratica non solo ti avvicina a chi ami ma ammorbidisce il tuo cuore verso te stesso e gli altri.

Una cosa che può fare miracoli è dedicare almeno 15 minuti a un'attività che ti **appassiona**. Magari è leggere un buon libro, dipingere, fare una corsa. Qualsiasi cosa ti faccia sentire vivo. Questi momenti ci ricordano il perché facciamo quello che facciamo ogni giorno - ci riportano a casa, al nostro centro.

Infine, prenditi un attimo per riflettere su come questi esercizi influenzano il tuo umore e i tuoi schemi di **pensiero**. Ti senti più leggero ora? Forse un po' più positivo? Notare questi cambiamenti, anche piccoli, può davvero motivarti a continuare su questa strada. E così, anche quando i pensieri cominciano ad affollarsi, avrai gli strumenti per tornare alla chiarezza e alla calma.

In Conclusione

In questo capitolo, abbiamo **esplorato** come applicare la Psicologia Positiva per migliorare il **benessere** mentale e ridurre il pensiero eccessivo. Attraverso **pratiche** giornaliere e tecniche mirate, puoi promuovere emozioni positive e ridurre lo **stress**.

Hai scoperto come la **gratitudine** possa focalizzare la tua attenzione sugli aspetti positivi della vita e gli effetti neurologici che ha sull'umore e sui livelli di stress. Hai imparato a praticare la tecnica "tre cose buone" quotidianamente e l'importanza di **assaporare** le esperienze positive per amplificare le emozioni positive. Inoltre, hai esplorato il concetto di attività di **flusso** e il loro impatto sul benessere e sulla riduzione del pensiero eccessivo.

Ora che hai acquisito **strumenti** utili per migliorare il tuo benessere mentale, la sfida è mettere queste pratiche in atto ogni giorno. Ricorda, con costanza e impegno, puoi creare una vita più serena e positiva. Dai, mettiti in gioco e vedrai che differenza farà nella tua quotidianità!

Capitolo 13: Strategie a Lungo Termine per la Prevenzione del Pensiero Eccessivo

Ti sei mai chiesto come sarebbe la vita se la smettessi di **pensare** troppo a tutto? Immagina di liberarti di quel peso continuo nella **mente**. Io, come te, conosco bene quella sensazione.

In questo capitolo, ti guiderò attraverso un **percorso** che cambierà completamente il modo in cui affronti i tuoi pensieri. Sarà come riflettere insieme su modi semplici per trovare un po' di **pace**. Scoprirai come creare intorno a te persone che ti sostengono, definire **obiettivi** più vicini alla realtà e trovare strategie per sopravvivere al caos quotidiano.

Parleremo anche di come **migliorarti**, sempre un po' alla volta, giorno dopo giorno. E alla fine, ti proporrò un esercizio pratico per mettere in **azione** tutto quello che hai imparato. Dunque sì, preparati a vedere la tua mente **trasformarsi**, un passo alla volta. Questo viaggio sarà tanto utile quanto rivelatore... sei pronto?

Costruire una Rete di Supporto

Allora, quante volte hai sentito dire che le **connessioni** sociali possono aiutarti a vedere le cose da un'altra prospettiva? Tantissime, giusto? È proprio vero. Quando parli con qualcuno, ti accorgi che quella montagna di problemi, magari, non è poi così alta. Le persone che hai attorno, familiari e amici, possono aiutarti a **ridimensionare** le cose, e ciò ti impedisce di pensare troppo. Sei lì, tutto preso dal tuo problema, e poi arriva qualcuno a dirti qualcosa di così semplice che quasi sembra una rivelazione. E questo rompe il ciclo dell'overthinking in un istante!

Certo, non è che sia facile o immediato. Ci vuole tempo. Ma ogni volta che parli con qualcuno di fidato, metti un piccolo mattone per costruire un muro contro il pensiero eccessivo. In poche parole, il **supporto** sociale ti offre una via d'uscita dai tuoi pensieri ripetitivi. Ti aiuta a cambiare prospettiva... Come un coltello caldo nel burro!

E pensa anche a quanto lo **stress** possa sciogliersi grazie al supporto sociale. Non è un mistero. Quando condividi le tue preoccupazioni con altri, non ti senti solo. Certo, i problemi restano, ma sembra che pesino meno. Detto tra noi, è come dividere una borsa della spesa in due: sicuramente più facile da gestire. Alla fine della giornata, parlare con gli altri migliora non soltanto il tuo umore, ma il tuo **benessere** emotivo in generale.

Ora, passiamo a come rafforzare queste relazioni chiave. Hai mai sentito parlare dell'"inventario delle relazioni"? È semplice ma potente. Si tratta di fare un elenco delle persone nella tua vita con le quali parli e condividi momenti. E qui viene il bello: prenditi del tempo per identificare chi tra loro è un vero pilastro e chi, magari, non ti dà quel sostegno di cui hai bisogno.

E va bene, forse sembra un po' freddo, ma immaginati di vedere la tua vita come una sala piena di sedie. Alcune sedie sono sempre occupate dalle stesse persone, altre no. Bene, devi capire chi vuoi vicino a te in quelle sedie!

Lavora su queste **relazioni**, dedica loro tempo, pianifica attività insieme. Un caffè, una passeggiata, anche una telefonata. Azioni semplici, ma d'impatto. Rinforzare queste connessioni può dare un senso di appartenenza, di essere compresi... E proprio questo ti aiuta a non cadere nel vortice del pensiero eccessivo.

In breve, il supporto sociale e le relazioni chiave sono il **pilastro** per prevenire l'overthinking. Costruisci una rete di supporto forte e mirata. Parlane di tutto e di niente, ma parla. Condividi i tuoi pensieri, centralizza chi davvero fa la differenza nella tua vita. Così, piano piano, smetterai di pensare troppo. La tua **mente** ti ringrazierà... fidati!

Stabilire obiettivi e aspettative realistici

Hai mai pensato a quanto sia **importante** fissare obiettivi equilibrati? Sembra una piccola cosa ma può fare una grande differenza. A volte ti trovi a essere così perfezionista che ogni piccolo errore ti fa venire l'ansia. Beh, è qui che entra in gioco la capacità di stabilire obiettivi realistici. Non solo ti permette di avere **aspettative** più umane su te stesso, ma previene anche quel perfezionismo che ti fa sentire sempre sotto pressione.

Ma come si fa in pratica? Per esempio, invece di scriverti "Devo fare tutto perfettamente", prova a dire "Voglio fare del mio meglio". Suona diverso, vero? Così, se qualcosa non va come previsto, non ti sentirai un fallimento. Solo un piccolo cambiamento nel modo di formulare gli **obiettivi** può avere un grande impatto sul benessere mentale.

Passiamo ora a un concetto strettamente collegato: il concetto di "abbastanza buono".

A tutti piace l'idea di raggiungere la perfezione, ma molto spesso questo è irrealistico e porta solo a rimuginare. Il concetto di "abbastanza buono" ti insegna a essere più gentile con te stesso. Chiediti: questa cosa è davvero così critica o può andare bene anche se non è perfetta? Certo, fare le cose per bene è importante, ma il perfezionismo estremizzato può diventare un fantasma che ti perseguita.

Pensaci: se continui a rimuginare su ogni dettaglio, alla fine non riuscirai mai a completare nulla. E qui è dove il "abbastanza buono" viene in tuo soccorso. Proprio come l'**obiettivo** di fare il meglio che puoi, accettare che "abbastanza buono" è realmente sufficiente può liberarti da uno stress inutile.

E poi, c'è la tecnica fantastica della "definizione degli obiettivi basata sui **valori**". Questa tecnica ti aiuta a creare obiettivi che non solo siano raggiungibili, ma anche significativi. Allora come la puoi usare? Pensa ai tuoi valori fondamentali - che cosa ti sta davvero a cuore? Famiglia, lavoro, avventura?

Per esempio, se il valore principale è il benessere personale, puoi fissare obiettivi come "Dedico un'ora al giorno a rilassarmi" o "Dormo almeno sette ore per notte". Questi sono obiettivi che si allineano con ciò che è importante per te e non solo con ciò che pensi di dover fare. Piuttosto che inseguire standard imposti dalla società, crei un percorso che rispetta la tua essenza.

Quindi, il trucco sta nel fare una sorta di inventario personale. Trova i tuoi **valori** e poi stabilisci degli obiettivi che riflettano davvero chi sei e cosa vuoi nella vita. Così non solo migliorerai la tua **produttività** ma abbraccerai un senso di realizzazione autentico.

Questi tre passaggi - fissare obiettivi realistici, accettare il concetto di "abbastanza buono" e utilizzare la definizione degli obiettivi basata sui valori - sono come una pozione magica contro l'overthinking. Più che una lettura teorica, si tratta di mettere le mani, e la mente, in gioco per vivere con meno **ansia** e più felicità.

Sviluppare Meccanismi di Adattamento

Sai, a volte ti trovi in situazioni dove **pensi** troppo. Queste situazioni scatenano meccanismi di pensiero che sembrano logorare la tua calma mentale. Personalizzare le strategie di **coping** può davvero fare la differenza. Immagina di poter affrontare quei momenti di **stress** in modo efficace, creando risposte che si adattano a te stesso. È come avere un set di strumenti pronto per ogni eventualità, fatto su misura, solo per te.

Ma cos'è una strategia di coping personalizzata? Beh, è semplicemente un modo di reagire ai trigger del pensiero eccessivo in un modo che funziona per te e solo per te. Pensa a come ti rilassi dopo una giornata stressante. Potresti meditare, fare stretching, scrivere sul diario o parlare con un amico fidato. Questi sono tutti meccanismi di coping personalizzati.

Prendiamo ad esempio Luigi. Ogni volta che si trova a pensare troppo, trova utile sciogliere i pensieri con una corsa leggera nel parco. Non solo si sente più calmo dopo la corsa, ma questo gli offre anche uno spazio mentalmente libero per riorganizzare i pensieri. Questo è il potere delle strategie di coping personalizzate. Possono diventare quel salvavita in momenti di stress.

Passando da qui, devi capire la differenza tra meccanismi di coping **adattivi** e maladattivi. Sembra complicato, ma te lo spiego in modo semplice. I meccanismi di coping adattivi sono quelli che ti aiutano a stare meglio a lungo termine. Come le abitudini sane: fare **esercizio** fisico, meditare, o giocare a un gioco da tavolo con gli amici. Questi riescono a darti sollievo senza causare altri problemi.

Dall'altro lato, ci sono i meccanismi di coping maladattivi. Questi possono sembrarti rilassanti all'inizio, ma creano solo più problemi col tempo. Come mangiare troppo per consolarti, bere alcolici per dimenticare, o procrastinare. In effetti, sono solo modi dannosi per evitare di affrontare i problemi. Come dice il vecchio detto, è come cercare di spegnere un incendio con la benzina.

Una cosa ancora più utile riguarda la tecnica del "kit di coping". Questo è davvero interessante. È come preparare una cassetta degli attrezzi per la tua mente. Ogni volta che senti che stai per cadere nella trappola del pensiero eccessivo, apri il tuo kit.

Immagina di mettere insieme una scatola che contiene piccoli strumenti per calmarti. Un po' come un set da cucito quando c'è un buco nella tua maglietta preferita! Questo kit potrebbe includere un libro che ami leggere, una playlist di **musica** rilassante, aromi che ti piacciono come oli essenziali, o persino note di incoraggiamento scritte da te stesso. È personalizzato e sempre disponibile proprio nei momenti in cui ne hai più bisogno.

Quindi, prendi una scatola, raccogli oggetti che trovi confortanti, e costruisci il tuo kit di coping. Ogni volta che senti il peso del pensiero eccessivo, il kit sarà lì per aiutarti. Come un amico fidato sempre al tuo fianco.

Questi passi, dalla personalizzazione delle **strategie**, alla consapevolezza dei meccanismi di coping maladattivi, fino alla creazione del tuo kit di coping personale, possono veramente aiutarti a gestire quei momenti di stress con maggiore facilità. Con il tempo, diventeranno automatici, e potrai affrontare i trigger dell'overthinking con maggiore **sicurezza** e serenità.

Ecco, questi sono modi semplici ma efficaci per sviluppare meccanismi di adattamento che possono fare una grande differenza nella tua vita quotidiana.

Pratiche di Miglioramento Continuo

Parliamo di come la **crescita** personale continua possa davvero aiutarti a costruire una specie di scudo contro i modelli di pensiero eccessivo. Quando ti dedichi a migliorare costantemente te stesso, sviluppi una **resilienza** che fa sembrare i pensieri negativi meno invadenti e meno forti.

Pensa al miglioramento personale come a una palestra mentale. Ogni volta che impari qualcosa di nuovo, ti sfidi o affronti un'esperienza diversa, stai allenando il tuo **cervello**. È come costruire muscoli, solo che in questo caso stai costruendo la tua capacità di affrontare lo stress e le preoccupazioni. L'automiglioramento non è solo acquisire nuove abilità, ma anche rafforzare la tua mente contro quei vecchi schemi che ti bloccano.

Ora, colleghiamo questo al concetto di **neuroplasticità**. Questo termine può sembrare pomposo, ma in realtà è piuttosto semplice. Neuroplasticità significa che il tuo cervello è capace di cambiare e adattarsi. Quindi, ogni volta che ti approcci a nuovi modi di pensare e fare, stai usando la capacità del tuo cervello di creare nuovi percorsi.

La neuroplasticità è come un giardino: se continui a piantare semi di pensieri positivi e abitudini sane, quei semi germoglieranno. Ma se lasci il giardino incustodito, le erbacce, ovvero i pensieri tossici e negativi, cresceranno facilmente. Ecco perché è fondamentale impegnarsi costantemente a migliorarsi, perché così continui a rafforzare i percorsi sani del tuo cervello e a indebolire quelli che ti fanno male.

Per applicare tutto questo concretamente, puoi adottare una tecnica che chiamiamo "sfida della **mentalità** di crescita". La mentalità di crescita è l'idea che puoi migliorare attraverso l'impegno e il duro lavoro. Si oppone alla mentalità fissa, quella che ti fa pensare di non poter cambiare.

La "sfida della mentalità di crescita" è semplice: ogni giorno, cerca un'opportunità per imparare qualcosa di nuovo o migliorare te stesso in qualche modo. Non deve essere qualcosa di mastodontico. Può essere leggere qualche pagina di un libro, provare una nuova ricetta, o anche fare un esercizio di rilassamento che non hai mai fatto prima. Queste piccole sfide quotidiane ti aiutano a sviluppare una mentalità flessibile e aperta, che è l'antidoto perfetto al pensiero eccessivo.

Incorporando queste **pratiche** nella tua routine, creerai una sorta di terreno fertile per la crescita personale continua. Così, man mano che diventi più bravo ad adottare una mentalità di crescita, ti accorgi anche che sei sempre meno invischiato in pensieri ripetitivi e negativi.

Alla fine dei conti, l'importanza del **miglioramento** continuo non sta solo nel fatto di diventare "più bravo" in qualcosa. Ma nel darti gli strumenti necessari per costruire una mente più sana e felice, capace di affrontare le sfide con una prospettiva positiva e proattiva. È un viaggio quotidiano che, passo dopo passo, ti porta a vivere una vita più serena e gratificante.

Esercizio pratico: Piano d'azione per la crescita personale

Dai, cominciamo! Il segreto per smettere di **pensare** troppo è avere un piano chiaro e semplicissimo. Passiamo, quindi, alla costruzione del tuo piano d'azione per la **crescita** personale. Prendiamo l'esempio di qualcuno che potrebbe iniziare seguendo questi passi.

Per prima cosa, identifica tre aree della tua vita che vorresti migliorare. Già, solo tre. Meno cose da fare, più **concentrazione**. Prendi un foglio e scrivi tre zone dove pensi "Ehi, potrei fare molto meglio qui". Potrebbe essere qualcosa come benessere fisico, relazioni personali o sviluppo professionale.

Ora che le hai annotate, passiamo al secondo passo. Per ogni area, stabilisci un **obiettivo** realistico basato sui tuoi valori. Non puntare alla luna, bada a quello che effettivamente puoi raggiungere e che è importante per te. Ad esempio, se parliamo di benessere fisico, potrebbe essere "Perdere 5 chili in due mesi" o "Andare in palestra due volte a settimana".

Ben fatto! E adesso? Scomponi ogni obiettivo in passi più piccoli e realizzabili. La chiave è rendere tutto facile e sostenibile. Diciamo che vuoi migliorare il tuo sviluppo professionale. Inizierai con corsi online, aggiornamenti del CV e networking. Ma ognuno di questi punti diventa un sottopunto: quando fare il corso? Quanto tempo dedicare all'aggiornamento del CV?

Lo stai facendo alla grande! Ecco il passo successivo. Crea una **linea temporale** per raggiungere questi passi nel prossimo mese. Su, prendi subito il calendario. Se devi fare corsi online, metti date precise. Se devi migliorare le tue relazioni, programma delle uscite o dei momenti di qualità insieme a quella persona importante. Un piano senza un tempo specifico è solo un sogno.

Ok, hai già fatto un bel pezzo di strada, ma i problemi non mancheranno... Identifica potenziali **ostacoli** e pianifica strategie per affrontarli. Riflettiamo un secondo, cosa ti potrebbe impedire di fare questo? Se parliamo dell'andare in palestra, forse la stanchezza. La soluzione? Preparare i vestiti da palestra la sera prima. Se parliamo di fare networking, la timidezza può essere un ostacolo. Strategia? Preparare frasi introduttive semplici per rompere il ghiaccio.

Perfetto, ma non fermarti qui. Pianifica **check-in** settimanali per rivedere i tuoi progressi e apportare eventuali aggiustamenti. La chiave per tenersi in riga è verificare come stai andando. Ogni settimana, magari la domenica sera, fatti qualche domanda: cosa ha funzionato? Cosa posso fare meglio? Ci sono nuovi ostacoli? E rimodella il tuo piano.

E infine, è arrivato il momento di gioire. Celebra le piccole **vittorie** e rifletti sulle lezioni apprese durante il processo. Ogni piccolo successo è un gradino in più verso il tuo obiettivo. Hai fatto quei corsi? Magnifico! Sei andato in palestra due volte questa settimana? Fantastico! Ma soprattutto, fermati a pensare: cosa hai imparato? Come ti senti? Questa riflessione ti motiverà a proseguire.

Ecco qua, passi concreti per smettere di pensare troppo e **agire**. Ogni piccolo traguardo raggiunto rende il prossimo passo ancora più facile. Ricorda, la costanza è tutto. In bocca al lupo!

In Conclusione

In questo capitolo hai imparato strategie a lungo termine per prevenire l'**overthinking**. Le tecniche e i consigli condivisi mirano a minimizzare il rimuginare e a migliorare il tuo **benessere** mentale. Ecco alcuni aspetti chiave da tenere a mente:

La **rete** di supporto: È importante coltivare relazioni sociali per ottenere prospettive diverse e ridurre la tendenza a rimuginare.

Gli **obiettivi** e le aspettative realistiche: È essenziale definire obiettivi equi per evitare il perfezionismo ansioso. Fai in modo che la tua soddisfazione non dipenda dalla perfezione, ma dal miglioramento continuo.

I meccanismi di **coping**: Individua e usa strategie efficaci per gestire i fattori che scatenano l'overthinking. Alcuni meccanismi sono più utili, mentre altri possono peggiorare la situazione.

Pratiche di **auto-miglioramento**: Continuare a crescere come persona e cambiare le abitudini di pensiero può ridurre i modelli di overthinking. L'auto-miglioramento costante costruisce **resilienza**.

L'esercizio pratico della **crescita** personale: Crea un piano d'azione realistico e specifico per migliorare le aree della tua vita, spezzettando gli obiettivi in passaggi più piccoli e contando anche i piccoli successi.

Ogni giorno è un'opportunità per mettere in pratica quanto hai imparato qui, quindi prendi in mano la tua vita e riduci il rimuginare con **consapevolezza** e nuovi approcci. Diventa l'artefice del tuo benessere emotivo!

Per concludere

Hai deciso di leggere questo libro perché sei **stanco** di sentirti prigioniero dei tuoi pensieri. La tua **ricerca** era rivolta a una soluzione concreta per calmare la mente, fermare i pensieri negativi e ridurre lo stress. Questo libro è stato pensato proprio per fornirti una guida pratica e immediata attraverso le strategie della psicologia positiva.

Abbiamo fatto un bel viaggio insieme, esplorando vari aspetti del **sovrapensiero** e come combatterlo. Abbiamo iniziato spiegando cos'è questo fenomeno e come influisce sulla tua salute mentale. Poi abbiamo esaminato il ciclo del sovrapensiero, cercando di capire i tuoi schemi di pensiero abituali e come l'ansia li alimenta.

Ti abbiamo introdotto alla psicologia positiva, spiegandoti i suoi principi chiave e come può aiutarti a stare meglio. Abbiamo parlato di **cambiamenti** di mentalità, concentrandoci sullo sviluppo di una mentalità di crescita e sull'auto-compassione.

Ti abbiamo fornito strategie immediate per fermare il sovrapensiero, come il metodo STOP e gli esercizi di grounding. Abbiamo esplorato tecniche di ristrutturazione cognitiva per sfidare i pensieri negativi e ti abbiamo insegnato come gestire meglio le tue **emozioni**.

Ci siamo concentrati sul miglioramento della gestione del tempo, introducendoti a tecniche come il metodo Pomodoro. Abbiamo discusso strategie per ridurre lo **stress**, dal rilassamento muscolare agli esercizi di respirazione.

Ti abbiamo parlato di come rafforzare la tua mente, migliorare la tua autostima e creare **abitudini** sane. Abbiamo esplorato l'applicazione pratica della psicologia positiva, evidenziando pratiche come la gratitudine e il savoring.

Infine, abbiamo trattato strategie a lungo termine per prevenire il sovrapensiero, come la costruzione di una rete di supporto.

Cosa ti aspetta?

Se metti in pratica tutto ciò che hai imparato, ti ritroverai con una mente più **calma**, meno stressata e più focalizzata sui pensieri positivi. Immagina una vita dove i tuoi pensieri non ti controllano più, dove ti senti padrone delle tue emozioni e decidi tu come affrontare lo stress. Ogni giorno sarà un'opportunità per vivere con maggiore gratitudine, chiarezza e **felicità**.

Non fermarti qui: continua a migliorarti e ad applicare gli strumenti che hai appreso. Il cambiamento richiede tempo, ma ogni passo che fai ti avvicina alla tranquillità mentale che desideri.

Per saperne di più, visita questo link:

https://pxl.to/LoganMind

Un Regalo per Te!

Emotional Intelligence for Social Success

Ecco cosa **troverai** nel libro:

• Tecniche per migliorare la tua **intelligenza** emotiva

• Strategie per rafforzare le tue **relazioni** sociali

• Suggerimenti per gestire le **emozioni** nelle situazioni quotidiane

Basta che tu clicchi o segua il **link** qui sotto per usufruire del libro gratuito:

https://pxl.to/loganmindfreebook

Scarica anche i tuoi 3 EXTRA GRATUITI!

Queste risorse aggiuntive sono **progettate** per completare il libro e offrirti strumenti pratici per applicare ciò che hai imparato nella tua vita quotidiana. Gli extra sono:

• Un PDF scaricabile e pratico della **Sfida** di 21 Giorni per il libro

• 101+ Affermazioni per Menti **Tranquille**

• Lista di Controllo per una Mente Immediatamente Calma

Basta che tu clicchi o segua il link qui sotto per ottenere l'**accesso** immediato agli extra:

https://pxl.to/8-htson-lm-extras

Aiutami!

Quando **supporti** un autore indipendente, supporti un **sogno**.

Quando avrai **terminato** la lettura, se sei soddisfatto, ti chiedo di lasciare un **feedback** onesto visitando il link qui sotto. Se hai **suggerimenti** per miglioramenti, ti prego di inviare un'email ai contatti che troverai al link.

Puoi anche scansionare il codice QR e trovare il link dopo aver selezionato il tuo **libro**.

Ci vuole solo un attimo, ma la tua **voce** ha un impatto enorme.

• Con il tuo feedback, puoi guidare altri lettori e aiutare la **comunità** a crescere.

• I tuoi suggerimenti sono oro per migliorare sempre di più.

Visita questo link per lasciare un feedback:

https://pxl.to/8-htson-lm-review

Unisciti al mio Team di Recensori!

Grazie di aver **scelto** il mio libro! Ti invito a far parte del mio Team di Recensori. Se **ami** leggere, puoi ricevere una copia **gratuita** del mio libro in cambio di un **feedback** onesto che mi sarebbe di grande aiuto.

Ecco come puoi **unirti** al team:

• Clicca su "Join Review Team"

• Iscriviti a BookSprout

• Ricevi una **notifica** ogni volta che pubblicherò un nuovo **libro**

Dai un'occhiata al team a questo link:

https://pxl.to/loganmindteam

www.ingramcontent.com/pod-product-compliance
Lightning Source LLC
Chambersburg PA
CBHW071213020426
42333CB00015B/1394